Die schönsten Weihnachtsgeschichten

Die schönsten
Weihnachtsgeschichten
für Kinder

Herausgegeben von Claudia Meersmann

FALKEN
TaschenBuch

Zum gleichen Thema sind im FALKEN TaschenBuch bereits erschienen:
Die schönsten Krippenspiele und Weihnachtsstücke (60459), *Die schönsten Weihnachtslieder*
(60460), *Unsere schönsten Weihnachtsgedichte* (60492)

Sie sind überall dort erhältlich, wo es Bücher gibt.

Quellenverzeichnis:
Folgenden Autoren bzw. Verlagen danken wir für die freundlich erteilte
Abdruckgenehmigung:
Felix Timmermans, „Sankt Nikolaus in Not", aus: *Der Heilige der Kleinen Dinge,*
© by Insel Verlag, Frankfurt am Main 1974.
Josef Lada, „Die Tiere an der Krippe", aus: *Kater Mikesch,*
© by Verlag Sauerländer, Frankfurt am Main 1962.
Janosch, „Wie Lari Fari Hosenknöpfe beißen mußte ...", aus: *Lari Fari Mogelzahn,*
© by Beltz Verlag, Weinheim – Basel, 1971.
Margret Rettich, „Die Geschichte vom Weihnachtsbraten", aus: *Wirklich wahre*
Weihnachtsgeschichten,
© by Annette Betz Verlag im Verlag Carl Ueberreuther, Wien – München 1976.
Roswitha Fröhlich, „Wie Joschi zu seinem Meerschweinchen kam", aus: Angelika
Lebendig (Hrsg.), *Nur noch 24 Tage bis Weihnachten,*
© by Sanssouci Verlag, Zürich – München 1984.
Jackie Niebisch, *Die kleenen Weihnachtspunker,*
© by Jackie Niebisch, erscheint im Achterbahn Verlag, Kiel.

Originalausgabe
ISBN 3 635 60462 3

© 1998 by FALKEN Verlag, 65227 Niedernhausen/Ts.

Umschlaggestaltung: Zembsch' Werkstatt, München
Gestaltung: Beate Müller-Behrens
Redaktion: Falk Steins
Herstellung: Torsten Hellbusch
Titelbild: Bavaria, Gauting/Masterfile
Zeichnungen: Lohse Design, Büttelborn
Satz: FALKEN Verlag, Niedernhausen/Ts.
Druck: Freiburger Graphische Betriebe GmbH, Freiburg

817 2635 4453 6271

Inhalt

Der Weihnachtsabend

Am vierundzwanzigsten Dezember durften die Kinder des Medizinalrats Stahlbaum den ganzen Tag über durchaus nicht in die Mittelstube hinein, viel weniger in das daranstoßende Prunkzimmer. In einem Winkel des Hinterstübchens zusammengekauert, saßen Fritz und Marie. Die tiefe Abenddämmerung war eingebrochen, und es wurde ihnen recht schaurig zumute, als man, wie es gewöhnlich an dem Tag geschah, kein Licht hereinbrachte. Fritz entdeckte ganz insgeheim wispernd der jüngeren Schwester – sie war eben erst sieben Jahre alt geworden –, wie er schon seit frühmorgens es habe in den verschlossenen Stuben rauschen und rasseln und leise pochen hören. Auch sei unlängst ein kleiner dunkler Mann mit einem großen Kasten unter dem Arm über den Flur geschlichen, er wisse aber wohl, daß es niemand anders gewesen als Pate Drosselmeier. Da schlug Marie die kleinen Händchen vor Freude zusammen und rief: „Ach, was wird nur Pate Drosselmeier für uns Schönes gemacht haben."

Der Obergerichtsrat Drosselmeier war gar kein hübscher Mann, nur klein und mager, hatte viele Runzeln im Gesicht, statt des rechten Auges ein großes schwarzes Pflaster und auch gar keine Haare, weshalb er eine sehr schöne weiße Perücke trug. Die war aber von Glas und ein künstliches Stück Arbeit.

Überhaupt war der Pate selbst auch ein sehr künstlicher Mann, der sich sogar auf Uhren verstand und selbst welche machen konnte. Wenn daher eine von den schönen Uhren in Stahlbaums Hause krank war und nicht singen konnte, dann kam Pate Drosselmeier, nahm die Glasperücke ab, zog sein gelbes Röckchen aus, band eine blaue Schürze um und stach mit spitzigen Instrumenten in die Uhr hinein, so daß es der kleinen Marie ordentlich wehe tat. Aber es verursachte der Uhr gar keinen Schaden, sondern sie wurde vielmehr wieder lebendig und fing gleich an, recht lustig zu schnurren, zu schlagen und zu singen, worüber denn alles große Freude hatte. Immer trug er, wenn er kam, was Hübsches für die Kinder in der Tasche, bald ein Männlein, das die Augen verdrehte und Verbeugungen machte, welches komisch anzusehen war, bald eine Dose, aus der ein Vögelchen heraushüpfte, bald was anderes.

Aber zu Weihnachten, da hatte er immer ein schönes künstliches Werk verfertigt, das ihm viel Mühe gekostet, weshalb es auch, nachdem es einbeschert worden, sehr sorglich von den Eltern aufbewahrt wurde.

„Ach, was wird nur Pate Drosselmeier für uns Schönes gemacht haben", rief nun Marie.

Fritz meinte aber, es könne wohl diesmal nichts anderes sein, als eine Festung, in der allerlei sehr hübsche Soldaten auf- und abmarschierten und exerzierten. Und dann müßten andere Soldaten kommen, die in die Festung hineinwollten, aber nun schössen die Soldaten von innen tapfer heraus mit Kanonen, daß es tüchtig brauste und knallte.

„Nein, nein", unterbrach Marie den Fritz, „Pate Drosselmeier hat mir von einem schönen Garten erzählt. Darin ist ein großer See, auf dem schwimmen sehr herrliche Schwäne mit goldnen Halsbändern herum und singen die hübschesten Lieder. Dann kommt ein kleines Mädchen aus dem Garten an den See und lockt die Schwäne heran und füttert sie mit süßem Marzipan."

„Schwäne fressen kein Marzipan", fiel Fritz etwas rauh ein, „und einen ganzen Garten kann Pate Drosselmeier auch nicht machen. Eigentlich haben wir wenig von seinen Spielsachen. Es wird uns ja alles gleich wieder weggenommen. Da ist mir denn doch das viel lieber, was uns Papa und Mama bescheren, wir behalten es fein und können damit machen, was wir wollen."

Nun rieten die Kinder hin und her, was es wohl diesmal wieder geben könne. Marie meinte, daß Mamsell Trudchen, ihre große

Puppe, sich sehr verändere; denn ungeschickter als jemals fiele sie jeden Augenblick auf den Fußboden, welches ohne garstige Zeichen im Gesicht nicht abginge, und dann sei an Reinlichkeit in der Kleidung gar nicht mehr zu denken. Alles tüchtige Ausschelten helfe nichts. Auch habe Mama gelächelt, als sie sich über Gretchens kleinen Sonnenschirm so gefreut. Fritz versicherte dagegen, ein tüchtiger Fuchs fehle seinem Marstall durchaus sowie seinen Truppen gänzlich an Kavallerie, das sei dem Papa recht gut bekannt.

So wußten die Kinder wohl, daß die Eltern ihnen allerlei schöne Gaben eingekauft hatten, die sie nun aufstellten. Es war ihnen aber auch gewiß, daß dabei der liebe Heilige Christ mit gar freundlichen frommen Kindesaugen hineinleuchte und daß, wie von segensreicher Hand berührt, jede Weihnachtsgabe herrliche Lust bereite wie keine andere. Daran erinnerte die Kinder, die immerfort von den zu erwartenden Geschenken wisperten, ihre ältere Schwester Luise. Die kleine Marie wurde nachdenklich, aber Fritz murmelte vor sich hin: „Einen Fuchs und Husaren hätt' ich nun einmal gern." Es war ganz finster geworden. Fritz und Marie, fest aneinandergedrückt, wagten kein Wort mehr zu reden. Es war ihnen, als rausche es mit linden Flügeln um sie her und als ließe sich eine ferne, aber sehr herrliche Musik vernehmen.

In dem Augenblick ging es mit silberhellem Ton: Klingling, klingling. Die Türen sprangen auf, und solch ein Glanz erstrahlte aus dem großen Zimmer hinein, daß die Kinder mit lautem Ausruf: „Ach! Ach!" wie erstarrt auf der Schwelle stehenblieben.

Aber Papa und Mama traten in die Türe, faßten die Kinder bei der Hand und sprachen: „Kommt doch nur, kommt doch nur, ihr lieben Kinder, und seht, was euch beschert ist."

Ich wende mich an dich selbst, sehr geneigter Leser oder Zuhörer – Fritz, Theodor, Ernst oder wie du sonst heißen magst – und bitte dich, daß du dir deinen letzten, mit schönen bunten Gaben reich geschmückten Weihnachtstisch recht lebhaft vor Augen bringen mögest. Dann wirst du es dir wohl auch denken können, wie die Kinder mit glänzenden Augen ganz verstummt stehenblieben, wie erst nach einer Weile Marie mit einem tiefen Seufzer rief: „Ach, wie schön – ach, wie schön", und Fritz einige Luftsprünge versuchte, die ihm überaus wohl gerieten. Aber die Kinder mußten auch das ganze Jahr über besonders artig gewesen sein, denn nie war ihnen so viel Schönes, Herrliches beschert worden wie dieses Mal.

Der große Tannenbaum in der Mitte trug viele goldene und silberne Äpfel, und wie Knospen und Blüten keimten Zuckermandeln und bunte Bonbons, und was es sonst noch für schönes Naschwerk gibt, aus allen Ästen. Als das Schönste an dem Wunderbaum mußte aber wohl gerühmt werden, daß in seinen dunklen Zweigen hundert kleine Lichter wie Sternlein funkelten und er selbst, in sich hinein- und herausleuchtend, die Kinder freundlich einlud, seine Blüten und Früchte zu pflücken.

Um den Baum umher glänzte alles sehr bunt und herrlich. Was es da alles für schöne Sachen gab! Ja, wer das zu beschreiben vermöchte! Marie erblickte die zierlichsten Puppen, allerlei saubere kleine Gerätschaften; und was vor allem schön anzusehen war, ein seidenes Kleidchen, mit bunten Bändern zierlich geschmückt, hing an einem Gestell so der kleinen Marie vor Augen, daß sie es von allen Seiten betrachten konnte. Das tat sie denn auch, indem sie ein Mal über das andere ausrief:

„Ach, das schöne, ach, das liebe – liebe Kleidchen; und das werde ich – ganz gewiß –, das werde ich wirklich anziehen dürfen!"

Fritz hatte indessen schon, drei- oder viermal um den Tisch herumgaloppierend und -trabend, den neuen Fuchs versucht, den er in der Tat am Tische angezäumt gefunden. Wieder absteigend meinte er, es sei eine wilde Bestie, die täte aber nichts, er wolle ihn schon kriegen, und musterte die neue Schwadron Husaren, die sehr prächtig in Rot und Gold gekleidet waren, lauter silberne Waffen trugen und auf solchen weiß glänzenden Pferden ritten, daß man beinahe hätte glauben sollen, auch diese seien von purem Silber.

Eben wollten die Kinder, etwas ruhiger geworden, über die Bilderbücher her, die aufgeschlagen waren, daß man allerlei sehr schöne Blumen und bunte Menschen, ja auch allerliebst spielende Kinder, so natürlich gemalt, als lebten und sprächen sie wirklich, gleich anschauen konnte.

Ja, eben wollten die Kinder über diese wunderbaren Bücher her, als nochmals geklingelt wurde. Sie wußten, daß nun der Pate Drosselmeier bescheren würde, und liefen nach dem an der Wand stehenden Tisch. Schnell wurde der Schirm, hinter dem er so lange versteckt gewesen, weggenommen. Was erblickten die Kinder!

Auf einem grünen, mit bunten Blumen geschmückten Rasenplatz stand ein sehr herrliches Schloß mit vielen Spiegelfenstern und goldenen Türmen. Ein Glockenspiel ließ sich hören, Türen und Fenster gingen auf, und man sah, wie sehr kleine, aber zierliche Herren und Damen mit Federhüten und langen Schleppkleidern in den Sälen herumspazierten. In dem Mittelsaal, der ganz in Feuer zu stehen schien – so viel Lichterchen brannten an silbernen Kronleuchtern –, tanzten Kinder in kurzen Wämschen und Röckchen nach dem Glockenspiel. Ein Herr in einem smaragdenen Mantel sah oft durch ein Fenster, winkte heraus und verschwand wieder sowie auch Pate Drosselmeier selbst, aber kaum viel höher als Papas Daumen, zuweilen unten an der Tür des Schlosses stand und wieder hineinging.

Fritz hatte mit auf den Tisch gestemmten Armen das schöne Schloß und die tanzenden und spazierenden Figürchen angesehen. Dann sprach er: „Pate Drosselmeier, laß mich mal hineingehen in dein Schloß!"

Der Obergerichtsrat bedeutete ihm, daß das nun ganz und gar nicht anginge. Er hatte auch recht, denn es war töricht von Fritz, daß er in ein Schloß gehen wollte, welches überhaupt mitsamt seinen goldenen Türmchen nicht so hoch war wie er selbst. Fritz sah das auch ein. Nach einer Weile, als immerfort auf dieselbe Weise die Herrn und Damen hin und her spazierten, die Kinder tanzten, der smaragdene Mann zu demselben Fenster heraussah, Pate Drosselmeier vor die Türe trat, da rief Fritz ungeduldig:

„Pate Drosselmeier, nun komm mal zu der anderen Tür da drüben heraus!"

„Das geht nicht, Fritzchen", erwiderte der Obergerichtsrat.

„Nun, so laß mal", sprach Fritz weiter, „laß mal den grünen Mann, der so oft herausguckt, mit den anderen herumspazieren."

„Das geht auch nicht", erwiderte der Obergerichtsrat aufs neue.

„So sollen die Kinder herunterkommen", rief Fritz, „ich will sie näher besehen."

„Ei, das geht alles nicht", sprach der Obergerichtsrat verdrießlich, „wie die Mechanik nun einmal gemacht ist, muß sie bleiben."

„So – o?" fragte Fritz mit gedehntem Ton, „das geht alles nicht? Hör mal, Pate Drosselmeier, wenn deine kleinen geputzten Dinger in dem Schlosse nicht mehr können als immer dasselbe, da taugen sie nicht viel, und ich frage nicht sonderlich nach ihnen. Nein, da lob' ich mir meine Husaren, die müssen manövrieren, vorwärts, rückwärts, wie ich's haben will, und sind in kein Haus gesperrt."

Und damit sprang er fort an den Weihnachtstisch und ließ seine Soldaten auf den silbernen Pferden hin und her reiten und schwenken und einhauen und feuern nach Herzenslust.

Auch Marie hatte sich sachte fortgeschlichen, denn auch sie wurde des Herumgehens und Tanzens der Püppchen im Schlosse bald überdrüssig und mochte es, da sie sehr artig und gut war, nur nicht so merken lassen wie Bruder Fritz.

Der Obergerichtsrat Drosselmeier sprach ziemlich verdrießlich zu den Eltern:

„Für unverständige Kinder ist solch künstliches Werk nicht, ich will nur mein Schloß wieder einpacken."

Doch die Mutter trat hinzu und ließ sich den inneren Bau und das wunderbare, sehr künstliche Räderwerk zeigen, wodurch die kleinen Püppchen in Bewegung gesetzt wurden. Der Rat nahm alles auseinander und setzte es wieder zusammen. Dabei war er wieder ganz heiter geworden und schenkte den Kindern noch einige schöne braune Männer und Frauen mit goldnen Gesichtern, Händen und Beinen. Sie waren sämtlich aus Thorn und rochen süß und angenehm wie Pfefferkuchen, worüber Fritz und Marie sich sehr freuten.

Schwester Luise hatte, wie es die Mutter wollte, das schöne Kleid angezogen, welches ihr beschert worden, und sah wunderhübsch aus. Aber Marie meinte, als sie auch ihr Kleid anziehen sollte, sie möchte es lieber noch ein bißchen so ansehen. Man erlaubte ihr das gern.

Hans Christian Andersen

Der Tannenbaum

Draußen im Walde stand ein niedlicher Tannenbaum. Er hatte einen guten Platz; Sonne konnte er bekommen, Luft war genug da, und ringsumher wuchsen viele größere Kameraden, Tannen und Fichten. Der kleine Tannenbaum wünschte aber so sehnlich, größer zu werden! Er dachte nicht an die warme Sonne und an die frische Luft, er kümmerte sich nicht um die Bauernkinder, die dort umhergingen und plauderten, wenn sie herausgekommen waren, um Erdbeeren und Himbeeren zu sammeln. Oft kamen sie mit einem ganzen Topf voll oder hatten Erdbeeren auf einen Strohhalm gereiht, dann setzten sie sich neben den kleinen Tannenbaum und sagten: „Nein, wie niedlich klein der ist!" Das mochte der Baum gar nicht hören.

Im folgenden Jahr war er um einen langen Trieb größer, und das Jahr darauf um noch einen, denn an den Tannenbäumen kann man immer an den vielen Trieben, die sie haben, sehen, wie viele Jahre sie gewachsen sind.

„Oh, wäre ich doch so ein großer Baum wie die andern!" seufzte das kleine Bäumchen; „dann könnte ich meine Zweige so weit umher ausbreiten und mit der Krone in die weite Welt hinausblicken! Die Vögel würden dann Nester in meinen Zweigen bauen, und wenn der Wind wehte, könnte ich so vornehm nicken, grade wie die andern dort!"

Er hatte gar keine Freude am Sonnenschein, an den Vögeln und an den roten Wolken, die morgens und abends über ihn hinsegelten. War es dann Winter, und der Schnee lag glitzernd weiß ringsumher, so kam häufig ein Hase angesprungen und setzte geradewegs über das Bäumchen weg – oh, das war so ärgerlich! – Aber zwei Winter vergingen, und im dritten war der Baum so groß, daß der Hase um ihn herumlaufen mußte. Oh, wachsen, wachsen, groß und alt werden, das ist doch das einzig Schöne in dieser Welt, dachte der Baum.

Im Herbste kamen immer Holzhauer und fällten einige der größten Bäume; das geschah jedes Jahr, und der junge Tannenbaum, der nun ganz gut gewachsen war, bebte dabei; denn die großen prächtigen Bäume fielen mit Knacken und Krachen zur Erde, die Zweige wurden ihnen abgehauen, die Bäume sahen ganz nackt, lang und schmal aus; sie waren fast nicht mehr zu erkennen. Aber dann wurden sie auf den Wagen gelegt, und Pferde zogen sie davon, aus dem Walde hinaus.

Wo sollten sie hin? Was stand ihnen bevor?

Im Frühjahr, als die Schwalben und Störche kamen, fragte der Baum sie: „Wißt ihr nicht, wohin sie geführt wurden? Seid ihr ihnen nicht begegnet?"

Die Schwalben wußten nichts, aber der Storch sah nachdenklich aus, nickte mit dem Kopfe und sagte: „Ja, ich glaube wohl! Mir begegneten viele neue Schiffe, als ich aus Ägypten geflogen kam; auf den Schiffen waren prächtige Mastbäume! Ich wage zu behaupten, daß sie es waren; sie rochen nach Tanne; ich kann vielmals grüßen; die tragen den Kopf hoch, sehr hoch!"

„Oh, wäre ich doch auch groß genug, um über das Meer hinfahren zu können! Wie ist das eigentlich, dieses Meer, und wie sieht es aus?"

„Ja, das zu erklären, ist zu weitläufig", sagte der Storch, und damit ging er fort.

„Freue dich deiner Jugend!" sagten die Sonnenstrahlen, „freue dich deines frischen Wachstums, des jungen Lebens, das in dir ist!" Und der Wind küßte den Baum, und der Tau weinte Tränen über ihn; aber das verstand der Tannenbaum nicht.

Als es auf die Weihnachtszeit zuging, wurden ganz junge Bäume gefällt, Bäume, die oft nicht einmal so groß oder im gleichen Alter mit diesem Tannenbaum waren, der weder Rast noch Ruh hatte, sondern immer davonwollte. Diese jungen Bäume, und es waren gerade die allerschönsten, behielten immer ihre Zweige; sie wurden auf Wagen gelegt, und Pferde zogen sie davon, aus dem Walde hinaus.

„Wohin sollen die?" fragte der Tannenbaum. „Sie sind nicht größer als ich, da war sogar einer, der war viel kleiner! Warum behielten sie alle ihre Zweige? Wo fahren sie hin?"

„Das wissen wir! Das wissen wir!" zwitscherten die Sperlinge. „Unten in der Stadt haben wir durch die Fensterscheiben gesehen! Wir wissen, wohin sie fahren! Oh, sie gelangen zur größten Pracht und Herrlichkeit, die man sich nur denken kann! Wir haben in die Fenster geguckt und gesehen, daß sie mitten in der warmen Stube aufgepflanzt und mit den schönsten Sachen, vergoldeten Äpfeln, Honigkuchen, Spielzeug und vielen hundert Lichtern geschmückt werden."

„Und dann –?" fragte der Tannenbaum und bebte in allen Zweigen. „Und dann? Was geschieht dann?" „Ja, mehr haben wir nicht gesehen! Das war unvergleichlich." –

„Ob ich wohl auch bestimmt bin, diesen strahlenden Weg zu gehen?" jubelte der Tannenbaum. „Das ist noch besser, als über das Meer zu ziehen! Wie leide ich an der Sehnsucht! Wäre es doch Weihnachten! Nun bin ich groß und ausgewachsen, wie die andern, die im vorigen Jahre fortgeführt wurden! – Oh, wäre ich erst auf dem Wagen! Wäre ich doch in der warmen Stube mit all der Pracht und Herrlichkeit! Und dann –? Ja, dann kommt etwas noch Besseres, noch Schöneres, warum würden sie mich sonst so schmücken! Es muß etwas noch Größeres, etwas noch Herrlicheres kommen –! Aber was? Oh, ich leide! ich sehne mich! Ich weiß selbst nicht, wie mir ist!"

„Freude dich unser!" sagten die Luft und das Sonnenlicht; „freue dich deiner frischen Jugend im Freien!"

Aber er freute sich durchaus nicht und wuchs und wuchs; Winter und Sommer stand er grün, dunkelgrün stand er da; die Leute, die ihn sahen, sagten: „Das ist ein schöner Baum!" Und zur Weihnachtszeit wurde er von allen zuerst gefällt. Die Axt hieb tief durch sein Mark; der Baum fiel mit einem Seufzer zu Boden; er fühlte einen Schmerz, eine Ohnmacht; er konnte gar nicht an irgendein Glück denken, er war betrübt, von der Heimat scheiden zu müssen, von dem Fleck, auf dem er emporgeschossen war; er wußte ja, daß er die lieben alten Kameraden, die kleinen Büsche und Blumen ringsumher, nie mehr sehen würde, ja vielleicht nicht einmal die Vögel. Die Abreise war durchaus nicht angenehm.

Der Baum kam erst wieder zu sich selbst, als er, im Hofe mit anderen Bäumen abgeladen, einen Mann sagen hörte: „Der ist prächtig! Wir brauchen nur diesen!"

Nun kamen zwei Diener mit vollem Staat und trugen den Tannenbaum in einen großen schönen Saal. Ringsherum an den Wänden hingen Bilder, und neben dem großen Kachelofen standen hohe chinesische Vasen mit Löwen auf den Deckeln; da gab es Schaukelstühle, seidene Sofas, große Tische voller Bilderbücher und Spielzeug für hundertmal hundert Taler – wenigstens sagten das die Kinder. Und der Tannenbaum wurde in ein großes, mit Sand gefülltes Faß gestellt; aber niemand konnte sehen, daß es ein Faß war, denn es wurde rundherum mit grünem Zeug behängt und stand auf einem großen bunten Teppich! Oh, wie der Baum bebte! Was wird nun wohl vorgehen? Die Diener und die Fräulein schmückten ihn; an einen Zweig hängten sie kleine Netze, ausgeschnitten aus farbigem Papier; jedes Netz war mit Zuckerwerk gefüllt; vergoldete Äpfel und Walnüsse hingen herab, als wären sie festgewachsen, und über hundert rote, blaue und weiße Lichterchen wurden in den Zweigen festgesteckt. Puppen, die leibhaftig wie Menschen aussahen – der Baum hatte früher nie solche gesehen –, schwebten im Grünen, und hoch oben auf die Spitze wurde ein großer Stern von Flittergold gesetzt; das war prächtig, ganz unvergleichlich prächtig. „Heut abend", sagten alle, „heut abend wird er strahlen!"

„Oh!" dachte der Baum, „wäre es doch Abend! Würden nur die Lichter bald angezündet! Und was dann wohl geschieht? Ob da wohl Bäume aus dem Walde kommen und mich sehen? Ob die Sperlinge an die Fensterscheiben fliegen? Ob ich hier festwachse und Winter und Sommer geschmückt stehen werde?" Ja, er wußte gut Bescheid! Aber er hatte ordentlich Borkenschmerzen vor lauter Sehnsucht, und Borkenschmerzen sind für einen Baum ebenso schlimm, wie Kopfschmerzen für uns andere.

Nun wurden die Lichter angezündet. Welcher Glanz! Welche Pracht! Der Baum bebte dabei in allen Zweigen, so daß eins der Lichter das Grün anbrannte; es sengte ordentlich.

„Gott bewahre uns!" schrien die Fräulein und löschten es hastig aus.

Nun durfte der Baum nicht einmal beben. Oh, das war ein Schreck! Er hatte Angst, etwas von seinem Schmuck zu verlieren; er war ganz betäubt von all dem Glanze. – Und nun gingen beide Flügeltüren auf – und eine Menge Kinder stürzten herein, als wollten sie den ganzen Baum umwerfen; die älteren Leute kamen bedächtig nach. Die Kleinen standen ganz stumm – aber nur einen Augenblick, dann jubelten sie wieder, daß es nur so schallte; sie tanzten um den Baum herum, und ein Geschenk nach dem andern wurde abgepflückt.

„Was machen sie?" dachte der Baum. „Was soll geschehen?" Und die Lichter brannten bis dicht an die Zweige herunter, und je nachdem sie niederbrannten, löschte man sie aus, und dann bekamen die Kinder die Erlaubnis, den Baum zu plündern. Oh, sie stürzten sich auf ihn, daß es in allen Zweigen knackte; wäre er nicht mit der Spitze und dem Goldstern an der Decke festgebunden gewesen, so wäre er umgestürzt.

Die Kinder tanzten mit ihrem prächtigen Spielzeug herum, niemand sah nach dem Baum, außer dem alten Kindermädchen, das zwischen die Zweige blickte, aber nur, um zu sehen, ob nicht noch eine Feige oder ein Apfel vergessen worden war.

„Eine Geschichte! Eine Geschichte!" riefen die Kinder und zogen einen kleinen dicken Mann zu dem Baume hin; und er setzte sich gerade unter ihn, „denn da sind wir im Grünen", sagte er, „und der Baum kann besonderen Nutzen davon haben, zuzuhören! Aber ich erzähle nur eine Geschichte. Wollt ihr die von Ivede-Avede oder die von Klumpe-Dumpe hören, der die Treppen herunterfiel und doch zu Ehren kam und die Prinzessin erhielt?"

„Ivede-Avede!" schrien einige. „Klumpe-Dumpe!" schrien andere, das war ein Rufen und Schreien! Nur der Tannenbaum schwieg ganz still und dachte: „Soll ich gar nicht mit, gar nichts dabei tun?" Er war ja mitgewesen, hatte getan, was er sollte.

Und der Mann erzählte von „Klumpe-Dumpe, der die Treppe herunterfiel und doch zu Ehren kam und die Prinzessin erhielt." Und die Kinder klatschten in die Hände und riefen: „Erzähle! Erzähle!" Sie wollten auch die Geschichte von Ivede-Avede hören, aber sie bekamen nur die von Klumpe-Dumpe. Der Tannenbaum stand ganz stumm und gedankenvoll; nie hatten die Vögel im Walde so etwas erzählt. „Klumpe-Dumpe fiel die Treppen herunter und bekam doch die Prinzessin! Ja, ja, so geht es in der Welt zu!" dachte der Tannenbaum und glaubte, daß es wahr sei, weil es ein so netter Mann war, der es erzählte. „Ja, ja! wer kann es wissen! Vielleicht falle ich auch die Treppe hinunter und bekomme eine Prinzessin." Und er freute sich darauf, den nächsten Tag wieder mit Lichtern und Spielzeug, Gold und Früchten angeputzt zu werden. „Morgen werde ich nicht zittern!" dachte er. „Ich will mich recht aller meiner Herrlichkeit freuen. Morgen werde ich wieder die Geschichte von Klumpe-Dumpe hören und vielleicht auch die von Ivede-Avede." Und der Baum stand still und gedankenvoll die ganze Nacht.

Am Morgen kamen der Diener und das Mädchen herein.

„Nun beginnt das Schmücken aufs neue!" dachte der Baum. Aber sie schleppten ihn zur Stube hinaus, die Treppe hinauf auf den Boden, und hier, in einem dunklen Winkel, wo kein Tageslicht schien, stellten sie ihn hin. „Was soll das bedeuten!" dachte der Baum. „Was soll ich hier wohl tun? Was bekomme ich hier wohl zu hören?" Und er lehnte sich an die Mauer und dachte und dachte. – Und er hatte Zeit genug, denn es vergingen Tage und Nächte, niemand kam herauf; und als endlich jemand kam, so geschah es nur, um einige große Kästen in den Winkel zu stellen. Nun stand der Baum ganz versteckt; man mußte glauben, daß er völlig vergessen war.

„Nun ist es Winter draußen!" dachte der Baum. „Die Erde ist hart und mit Schnee bedeckt, die Menschen können mich nicht pflanzen; deshalb soll ich wohl bis zum Frühjahr hier im Schutze stehen! Wie wohlbedacht das ist! Wie gut doch die Menschen sind! – Wäre es hier nur nicht so dunkel und schrecklich einsam! – Nicht einmal ein kleiner Hase! – Es war doch so niedlich da draußen im Walde, wenn der Schnee lag und der Hase vorbeisprang; ja, selbst als er über mich hinwegsprang; aber damals konnte ich es nicht leiden. Hier oben ist es doch schrecklich einsam!"

„Piep, piep!" sagte da eine kleine Maus und huschte hervor; und dann kam noch eine kleine. Sie beschnüffelten den Tannenbaum, und dann schlüpften sie zwischen seine Zweige.

„Es ist eine greuliche Kälte!" sagten die kleinen Mäuse. „Sonst ist es hier gut sein! Nicht wahr, du alter Tannenbaum?"

„Ich bin gar nicht alt!" sagte der Tannenbaum; „es gibt viele, die weit älter sind als ich!"

„Wo kommst du her?" fragten die Mäuse, „und was weißt du?" Sie waren so gewaltig neugierig. „Erzähle uns doch von dem schönsten Ort auf Erden! Bist du dort gewesen? Bist du in der Speisekammer gewesen, wo Käse auf den Brettern liegen und Schinken unter der Decke hängen, wo man auf Talglicht tanzt, mager hineingeht und fett herauskommt?"

„Das kenne ich nicht!" sagte der Baum. „Aber den Wald kenne ich, wo die Sonne scheint und wo die Vögel singen!" Und dann erzählte er alles aus seiner Jugend, und die kleinen Mäuse hatten früher so etwas nie gehört, und sie horchten auf und sagten: „Nein, wieviel du gesehen hast! Wie glücklich du gewesen bist!"

„Ich?" sagte der Tannenbaum und dachte über das nach, was er selbst erzählte. „Ja, es waren im Grunde ganz fröhliche Zeiten!" – Aber dann erzählte er vom Weihnachtsabend, wo er mit Kuchen und Lichtern geschmückt war.

„Oh!" sagten die kleinen Mäuse, „wie glücklich du gewesen bist, du alter Tannenbaum!"

„Ich bin gar nicht so alt!" sagte der Baum. „Erst diesen Winter bin ich aus dem Walde gekommen! Ich bin in meinem allerbesten Alter. Ich bin nur so schnell gewachsen."

„Wie schön du erzählst!" sagten die kleinen Mäuse. Und in der nächsten Nacht kamen sie mit vier andern kleinen Mäusen, die sollten den Baum auch erzählen hören, und je mehr er erzählte, desto deutlicher erinnerte er sich selbst an alles und dachte: „Es waren doch ganz fröhliche Zeiten! Aber sie können wiederkommen, noch einmal wiederkommen. Klumpe-Dumpe fiel die Treppe herunter und erhielt doch die Prinzessin; vielleicht kann ich auch eine Prinzessin bekommen!" Und dann dachte der Tannenbaum an eine kleine niedliche Birke, die draußen im Walde wuchs; das war für den Tannenbaum eine wirkliche schöne Prinzessin.

„Wer ist Klumpe-Dumpe?" fragten die kleinen Mäuse.

Und dann erzählte der Tannenbaum das ganze Märchen; er konnte sich jedes einzelnen Wortes entsinnen; und die kleinen Mäuse waren nahe daran, vor lauter Freude bis in die Spitze des Baumes zu springen. In der folgenden Nacht kamen noch viel mehr Mäuse, und am Sonntag sogar zwei Ratten; aber die sagten, die Geschichte sei nicht hübsch, und das betrübte die kleinen Mäuse, denn nun hielten sie auch weniger davon.

„Kennen Sie nur die eine Geschichte?" fragten die Ratten.

„Nur die eine!" sagte der Baum; „die hörte ich an meinem glücklichsten Abend, aber damals dachte ich nicht dran, wie glücklich ich war."

„Das ist eine höchst jämmerliche Geschichte! Kennen Sie keine mit Speck und Talglicht? Keine Speisekammergeschichte?"

„Nein!" sagte der Baum.

„Na, dann bedanken wir uns!" antworteten die Ratten und gingen zu den Ihrigen zurück.

Die kleinen Mäuse blieben zuletzt auch weg, und da seufzte der Baum: „Es war doch ganz hübsch, als sie um mich herum saßen, die flinken kleinen Mäuse, und zuhörten, wie ich erzählte! Nun ist auch das vorbei! – Aber ich werde daran denken, mich zu freuen, wenn ich wieder hervorgeholt werde!"

Aber wann geschah das? – Ja! es war eines Morgens, da kamen Leute und rumorten auf dem Boden; die Kästen wurden weggesetzt, der Baum wurde hervorgezogen; sie warfen ihn freilich ziemlich hart auf den Fußboden, aber ein Diener schleppte ihn sogleich zur Treppe hin, wo das Tageslicht schien.

„Nun beginnt das Leben wieder!" dachte der Baum; er fühlte die frische Luft, den ersten Sonnenstrahl – und nun war er draußen im Hofe. Alles ging so geschwind; der Baum vergaß völlig, sich selbst zu betrachten; da war so vieles ringsumher zu sehen. Der Hof stieß an einen Garten, und alles blühte darin; die Rosen hingen so frisch und duftend über das kleine Gitter, die Lindenbäume blühten, und die Schwalben flogen umher und sagten: „Quirre-virre-vit, mein Mann ist kommen!" Aber es war nicht der Tannenbaum, den sie meinten.

„Nun werde ich leben!" jubelte er und breitete seine Zweige weit aus; aber ach, die waren alle vertrocknet und gelb; und er lag da im Winkel zwischen Unkraut und Nesseln. Der Stern von Goldpapier saß noch oben in der Spitze und glänzte im hellen Sonnenschein. Im Hofe spielten ein paar der munteren Kinder, die zur Weihnachtszeit den Baum umtanzt hatten und so froh über ihn gewesen waren. Eines der kleinsten lief hin und riß den Goldstern ab.

„Sieh, was da noch an dem häßlichen alten Tannenbaum sitzt!" sagte es und trat auf die Zweige, so daß sie unter seinen Stiefeln knackten.

Und der Baum sah auf all die Blumenpracht und Frische im Garten, er sah sich selbst und wünschte, daß er in seinem dunklen Winkel auf dem Boden geblieben wäre; er gedachte seiner frischen Jugend im Walde, des lustigen Weihnachtsabends und der kleinen Mäuse, die so munter die Geschichte von Klumpe-Dumpe angehört hatten. „Vorbei! vorbei!" sagte der arme Baum. „Hätte ich mich doch gefreut, als ich es noch konnte! Vorbei! vorbei!"

Und der Knecht kam und hieb den Baum in kleine Stücke; ein ganzes Bündel lag da; hell flackerte es auf unter dem großen Braukessel; und er seufzte so tief, und jeder Seufzer war wie ein kleiner Schuß; darum liefen die Kinder, die dort spielten, herbei und setzten sich vor das Feuer, blickten hinein und riefen: „Piff! Paff!" Aber bei jedem Knall, der ein tiefer Seufzer war, dachte der Baum an einen Sommertag im Walde, oder an eine Winternacht da draußen, wenn die Sterne funkelten; er dachte an den Weihnachtsabend und an Klumpe-Dumpe, das einzige Märchen, das er gehört hatte und zu erzählen wußte, und dann war der Baum verbrannt.

Die Knaben spielten im Hofe, und der kleinste hatte den Goldstern auf der Brust, den der Baum an seinem glücklichsten Abend getragen hatte; nun war er vorbei, und mit dem Baum war es vorbei und mit der Geschichte auch; vorbei, vorbei – und so geht es mit allen Geschichten!

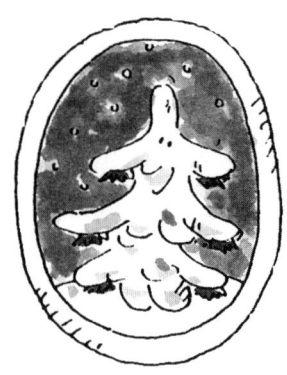

Theodor Storm
Unter dem Tannenbaum

Der Weihnachtsabend begann zu dämmern. – Der Amtsrichter war mit seinem Sohne auf der Rückkehr von einem Spaziergange; Frau Ellen hatte sie auf ein Stündchen fortgeschickt. Vor ihnen im Grunde lag die kleine Stadt; sie sahen deutlich, wie aus allen Schornsteinen der Rauch emporstieg; denn dahinter am Horizont stand feuerfarben das Abendrot. – Sie sprachen von den Großeltern drüben in der alten Heimat; dann von den letzten Weihnachten, die sie dort erlebt hatten.

„Und am Vorabend", sagte der Vater, „als Knecht Ruprecht zu uns kam mit dem großen Bart und dem Quersack und der Rute in der Hand!"

„Ich wußte wohl, daß es Onkel Johannes war", erwiderte der Knabe, „der hatte immer so etwas vor!"

„Weißt du denn auch noch die Worte, die er sprach?"

Harro sah den Vater an und schüttelte den Kopf.

„Wart' nur", sagte der Amtsrichter, „die Verse liegen zu Haus in meinem Pult; vielleicht bekomm ich's noch beisammen!" Und nach einer Weile fuhr er fort: „Entsinne dich nur, wie erst die drei Rutenhiebe von draußen auf die Tür fielen und wie dann die rauhe, borstige Gestalt mit der großen Hakennase in die Stube trat!" Dann hub er langsam und mit tiefer Stimme an:

Von drauß vom Walde, komm' ich her,
Ich muß euch sagen, es weihnachtet sehr,
Allüberall auf den Tannenspitzen
Sah ich goldene Lichtlein sitzen.
Und droben aus dem Himmelstor
Sah mit großen Augen das Christkind hervor.
Und wie ich so strolcht' durch den dichten Tann,

Da rief's mich mit heller Stimme an;
„Knecht Ruprecht", rief es, „alter Gesell,
Hebe die Beine und spute dich schnell!
Die Kerzen fangen zu brennen an,
Das Himmelstor ist aufgetan,
Alt' und Junge sollen nun
Von der Jagd des Lebens einmal ruhn;
Und morgen flieg' ich hinab zur Erden,
denn es soll wieder Weihnachten werden!"
Ich sprach: „O lieber Herre Christ,
Meine Reise fast zu Ende ist;
Ich soll nur noch in diese Stadt,
Wo's eitel brave Kinder hat." –
„Hast denn das Säcklein auch bei dir?"
Ich sprach: „Das Säcklein, das ist hier;
Denn Apfel, Nuß und Mandelkern
Fressen fromme Kinder gern!" –
„Hast denn die Rute auch bei dir?"
Ich sprach: „Die Rute, die ist hier!
Doch für die Kinder nur, die schlechten,
Die trifft sie auf den Teil, den rechten!"
Christkindlein sprach: „So ist es recht,
So geh mit Gott, mein treuer Knecht!"
Von drauß vom Walde komm' ich her;
Ich muß euch sagen, es weihnachtet sehr!
Nun sprecht, wie ich's hierinnen find'?
Sind's gute Kind, sind's böse Kind?

„Aber", fuhr der Amtsrichter mit veränderter Stimme fort, „ich sagte dem Knecht Ruprecht:

Der Junge ist von Herzen gut,
Hat nur mitunter was trotzigen Mut!"

„Ich weiß, ich weiß!" rief Harro triumphierend; und den Finger emporhebend, und mit listigem Ausdruck setzte er hinzu: „Dann kam so etwas!"

„Was dich in großes Geschrei brachte; denn Knecht Ruprecht schwang seine Rute und sprach:

> Heißt es bei euch denn nicht mitunter:
> Nieder den Kopf und die Hosen herunter?"

„O", sagte Harro, „ich fürchtete mich nicht; ich war nur zornig auf den Onkel!"

Über der Stadt, die sie jetzt fast erreicht hatten, stand nur noch ein fahler Schein am Himmel. Es dunkelte schon; aber es begann zu schneien; leise und emsig fielen die Flocken, und der Weg schimmerte schon weiß zu ihren Füßen.

Vater und Sohn waren eine Weile schweigend nebeneinander hergegangen. – „Am Abend darauf", hub der Amtsrichter wieder an, „brannte der letzte Weihnachtsbaum, den du gehabt hast. Es war damals eine bewegte Zeit; sogar das Zuckerwerk zwischen den Tannenzweigen war kriegerisch geworden: unsere ganze Armee, Soldaten zu Pferd und zu Fuß! – Von alledem ist nun nichts mehr übrig!" setzte er leiser und wie mit sich selber redend hinzu.

Der Knabe schien etwas darauf erwidern zu wollen, aber ein anderes hatte plötzlich seine Gedanken in Anspruch genommen. – Es war ein großer, bärtiger Mann, der vor ihnen aus einem Seitenweg auf die Landstraße herauskam. Auf der Schulter balancierte er ein langes, stangenartiges Gepäck, während er mit einem Tannenzweig, den er in der Hand hielt, bei jedem Schritt in die Luft peitschte. Wie er vorüberging, hatte Harro in der Dämmerung noch die große rote Hakennase erkannt, die unter der Pelzmütze hinausragte. Auch eine Quersack trug der Mann, der anscheinend mit allerhand eckigen Dingen angefüllt war. Er ging rasch vor ihnen auf.

„Knecht Ruprecht!" flüsterte der Knabe, „hebe die Beine und spute dich schnell!"

Das Gewimmel der Schneeflocken wurde dichter, sie sahen ihn noch in die Stadt hinabgehen; dann entschwand er ihren Augen; denn ihre Wohnung lag eine Strecke weiter außerhalb des Tores. „Freilich", sagte der Amtsrichter, indem sie rüstig zuschritten, „der Alte kommt zu spät; dort unten in der Gasse leuchteten schon alle Fenster in den Schnee hinaus."

Endlich war das Haus erreicht. Nachdem sie auf dem Flur die beschneiten Überkleider abgetan, traten sie in das Arbeitszimmer des Amtsrichters. Hier war heute der Tee serviert; die große Kugellampe brannte, alles war hell und aufgeräumt. Auf der sauberen Damastserviette stand das feinlackierte Teebrett mit den Geburtstagstassen und dem rubinroten Zuckerglase; daneben auf dem Fußboden in dem Komfort von Mahagonistäbchen mit blankem Messingeinsatz kochte der Kessel, wie es sein muß, auf gehörig durchgeglühten Torfkohlen; wie daheim einst in der großen Stube des alten Familienhauses, so dufteten auch hier in dem kleinen Stübchen die braunen Weihnachtskuchen nach dem Rezept der Urgroßmutter. – Aber während die Mutter nebenan im Wohnzimmer noch das Fest bereitete, blieben Vater und Sohn allein; kein Onkel Erich kam, ihnen feiern zu helfen. Es war doch anders als daheim.

Ein paarmal hatte Harro mit bescheidenem Finger an die Tür gepocht, und ein leises ›Geduld!‹ der Mutter war die Antwort gewesen. Endlich trat Frau Ellen selbst herein. Lächelnd – aber ein leiser Zug von Weh war doch dabei – streckte sie ihre Hände aus und zog ihren Mann und ihren Knaben, jeden bei einer Hand, in die helle Weihnachtsstube.

Es sah freundlich genug aus. Auf dem Tische in der Mitte, zwischen zwei Reihen brennender Wachskerzen, stand das kleine Kunstwerk, das Mutter und Sohn in den Tagen vorher sich selbst geschaffen hatten, ein Garten im Geschmack des vorigen Jahrhunderts mit glattgeschorenen Hecken und dunklen Lauben; alles von Moos und verschiedenem Wintergrün zierlich zusammengestellt. Auf dem Teiche von Spiegelglas schwammen zwei weiße Schwäne; daneben vor dem chinesischen Pavillon standen kleine Herren und Damen von Papiermaché in Puder und Kontuschen [lange Frauenmäntel]. – Zu beiden Seiten lagen die Geschenke für den Knaben; eine scharfe Lupe für die Käfersammlung, ein paar bunte Münchener Bilderbogen, die nicht fehlen durften, von Schwind und Otto Speckter [bekannte Künstler des 19. Jahrhunderts]; ein Buch in rotem Halbfranzbrand; dazwischen ein kleiner Globus in schwarzer Kapsel, augenscheinlich schon ein altes Stück. „Es war Onkel Erichs letzte Weihnachtsgabe an mich", sagte der Amtsrichter; „nimm du es nun von mir! Es ist mir in diesen Tagen aufs Herz gefallen, daß ich ihm die Freude, die er mir als Kind gemacht, in späterer Zeit nicht einmal wieder gedankt –; nun haben sie mir den alten Herrn im letzten Herbst begraben!"

Frau Ellen legte den Arm um ihren Mann und führte ihn an den Spiegeltisch, auf dem heute die beiden silbernen Armleuchter brannten. Auch ihn hatte sie beschert; das erste aber, wonach seine Hand langte, war ein kleines Lichtbild. Seine Augen ruhten lange darauf, während Frau Ellen still zu ihm emporsah. Es war sein elterlicher Garten; dort unter dem Ahorn vor dem Lusthause standen die beiden Alten selbst, das noch dunkle, volle Haar seines Vaters war deutlich zu erkennen.

Der Amtsrichter hatte sich umgewandt; es war, als suchten seine Augen etwas. Die Lichter an dem Moosgärtchen brannten knisternd fort; in ihrem Schein stand der Knabe vor dem aufgeschlagenen Weihnachtsbuch. Aber droben unter der Decke des hohen Zimmers war es dunkel; der Tannenbaum fehlte, der das Licht des Festes auch dort hinaufgetragen hätte.

Da klingelte draußen im Flur die Glocke, und die Haustür wurde polternd aufgerissen. „Wer ist denn das?" sagte Frau Ellen; und Harro lief zur Tür und sah hinaus.

Draußen hörten sie eine rauhe Stimme fragen: „Bin ich denn hier recht beim Herrn Amtsrichter?" Und in demselben Augenblicke wandte auch der Knabe den Kopf zurück und rief: „Knecht Ruprecht, Knecht Ruprecht!" Dann zog er Vater und Mutter mit sich aus der Tür.

Es war der große, bärtige Mann, der den beiden Spaziergängern vorhin oberhalb der Stadt begegnet war; bei dem Schein des Flurlämpchens sahen sie deutlich die rote Hakennase unter der beschneiten Pelzmütze leuchten. Sein langes Gepäck hatte er gegen die Wand gelehnt. „Ich habe das hier abzugeben!" sagte er, indem er auch den schweren Quersack von der Schulter nahm.

„Von wem denn?" fragte der Amtsrichter.

„Ist mir nichts von aufgetragen worden."

„Wollt Ihr denn nicht nähertreten?"

Der Alte schüttelte den Kopf. „Ist alles schon besorgt! Habt gute Weihnacht beieinander!" Und indem er noch einmal mit der großen Nase nickte, war er schon zur Tür hinaus.

„Das ist eine Bescherung!" sagte Frau Ellen fast ein wenig schüchtern. Harro hatte die Haustür aufgerissen. Da sah er die große, dunkle Gestalt schon weithin auf dem beschneiten Weg hinausschreiten.

Nun wurde die Magd herbeigerufen, deren Bescherung durch dieses Zwischenspiel bis jetzt verzögert war; und als mit ihrer Hülfe die verhüllten Dinge in das helle Weihnachtszimmer gebracht waren, kniete Frau Ellen auf dem Fußboden und begann mit ihrem Trennmesser die Nähte des großen Packens aufzulösen. Und bald fühlte sie, wie es von innen heraus sich dehnte und die immer schwächer werdenden Bande zu sprengen strebte; und als der Amtsrichter, der bisher schweigend dabeigestanden, jetzt die letzten Hüllen abgestreift hatte und es aufrecht vor sich hingestellt hielt, da war's ein ganz mächtiger Tannenbaum, der nun nach allen Seiten seine entfesselten Zweige ausbreitete. Lange, schmale Bänder von Knittergold rieselten und blitzten überall von den Spitzen durch das dunkle Grün herab; auch die Tannäpfel waren golden, die unter allen Zweigen hingen.

Harro war indes nicht müßig gewesen, er hatte den Quersack aufgebunden; mit leuchtenden Augen brachte er einen flachen, grün lackierten Kasten geschleppt. „Horch, es rappelt!" sagte er; „es ist ein Schubfach darin!" Und als sie es aufgezogen, fanden sie wohl ein Schock der feinsten, weißen Wachskerzchen.

„Das kommt von einem echten Weihnachtsmann", sagte der Amtsrichter, indem er einen Zweig des Baumes herunterzog, „da sitzen schon überall die kleinen Blechlampetten!"

Aber es war nicht nur ein Schubfach in dem Kasten; es war auch obenauf ein Klötzchen mit einem Schraubengang. Der Amtsrichter wußte Bescheid in diesen Dingen; nach einigen Minuten war der Baum eingeschroben und stand fest und aufrecht, seine grüne Spitze fast bis zur Decke streckend. – Die alte Magd hatte ihre Schüssel mit Äpfeln und Pfeffernüssen stehenlassen; während die anderen drei beschäftigt waren, die Wachskerzen aufzustecken, stand sie neben ihnen, ein lebendiger Kandelaber, in jeder Hand einen brennenden Armleuchter emporhaltend. – Sie war aus der Heimat mit herübergekommen und hatte sich von allen am schwersten in den Brauch der Fremde gefunden. Auch jetzt betrachtete sie den stolzen Baum mit mißtrauischen Augen. „Die goldenen Eier sind denn doch vergessen!" sagte sie.

Der Amtsrichter sah sie lächelnd an. „Aber, Margret, die goldenen Tannäpfel sind doch schöner!"

„So, meint der Herr? Zu Hause haben wir immer die goldenen Eier gehabt."

Darüber war nicht zu streiten; es war auch keine Zeit dazu. Harro hatte sich indessen schon wieder über den Quersack hergemacht. „Noch nicht anzünden!" rief er, „das Schwerste ist noch darin!"

Es war ein fest vernageltes, hölzernen Kistchen. Aber der Amtsrichter holte Hammer und Meißel aus seinem Gerätkästchen; nach ein paar Schlägen sprang der Deckel auf, und eine Fülle weißer Papierspäne quoll ihnen entgegen. – „Zuckerzeug!" rief Frau Ellen und streckte schützend ihre Hände darüber aus. „Ich wittere Marzipan! Setzt euch; ich werde auspacken!"

Und mit vorsichtiger Hand langte sie ein Stück nach dem anderen heraus und legte es auf den Tisch, das nun von Vater und Sohn aus dem umhüllenden Seidenpapier herausgewickelt wurde.

„Himbeeren!" rief Harro, „und Erdbeeren, ein ganzer Strauß!"

„Aber siehst du es wohl?" sagte der Amtsrichter, „es sind Walderdbeeren; so welche wachsen in den Gärten nicht."

Dann kam, wie lebend, allerlei Geziefer; Hornissen und Hummeln und was sonst im Sonnenschein an stillen Waldplätzen umherzusummen pflegt, zierlich aus Tragant gebildet, mit goldbestäubten Flügeln; nun eine Honigwabe – die Zellen mochten mit Likör gefüllt sein –, wie sie die wilde Biene in den Stamm der hohlen Eiche baut; und jetzt ein großer Hirschkäfer, von Schokolade, mit gesperrten Zangen und ausgebreiteten Flügeldecken. „Cervus lucanus!" rief Harro und klatschte in die Hände.

An jedem Stück war, je nach der Größe, ein lichtgrünes Seidenbändchen. Sie konnten der Lockung nicht widerstehen; sie begannen schon jetzt den Baum damit zu schmücken, während Frau Ellens Hände noch immer neue Schätze ans Licht förderten.

Bald schwebte zwischen den Immen auch eine Schar von Schmetterlingen an den Tannenspitzen; da war der Himbeerfalter, die silberblaue Daphnis und der olivenfarbige Waldargus, und wie sie alle heißen mochten, die Harro hier vergebens aufzujagen gesucht hatte. – Und immer schwerer wurden die Päckchen, die eins nach dem anderen von den eifrigen Händen geöffnet wurden. Denn jetzt kam das Geschlecht des größern Geflügels; da kam der Dompfaff und der Buntspecht, ein Paar Kreuzschnäbel, die im Tannenwald daheim sind; und jetzt – Frau Ellen stieß einen leichten Schrei aus – ein ganzes Nest voll kleiner, schnäbelaufsperrender Vögel; und Vater und Sohn gerieten miteinander in Streit, ob es Goldhähnchen oder junge Zeisige seien, während Harro schon das kleine Heimwesen im dichtesten Tannengrün verbarg.

Noch ein Waldbewohner erschien; er mußte vom Buchenrevier herübergekommen sein; ein Eichhörnchen von Marzipan, in halber Lebensgröße, mit erhobenem Schweif und klugen Augen. „Und nun ist's alle!" rief Frau Ellen. Aber nein, ein schweres Päckchen noch! Sie öffnete es und verbarg es dann ebenso rasch wieder in beiden Händen. „Ein Prachtstück!" rief sie; „aber nein, Paul; ich bin edelmütiger als du; ich zeig's dir nicht!"

Der Amtsrichter ließ sich das nicht anfechten; er brach ihr die nicht gar zu ernstlich geschlossenen Hände auseinander, während sie lachend über ihn wegschaute.

„Ein Hase!" jubelte Harro, „er hat ein Kohlblatt zwischen den Vorderpfötchen!"

Frau Ellen nickte: „Freilich, er kommt auch eben aus des alten Kirchspielvogts Garten!"

„Harro, mein Junge", sagte der Amtsrichter, indem er drohend den Finger gegen seine Frau erhob; „versprich mir, diesen Hasen zu verspeisen, damit er gründlich aus der Welt komme!"

Das versprach Harro.

Der Baum war voll, die Zweige bogen sich; die alte Margret stöhnte, sie könne die Leuchter nicht mehr halten, sie habe gar keine Arme mehr am Leibe.

Aber es gab wieder neue Arbeit. „Anzünden!" kommandierte der Amtsrichter; und die klein und großen Weihnachtskinder standen mit heißen Gesichtern, kletterten auf Schemel und Stühle und ließen nicht ab, bis alle Kerzen angezündet waren.

Der Baum brannte, das Zimmer war von Duft und Glanz erfüllt; es war nun wirklich Weihnachten geworden.

Ein wenig müde von der ungewohnten Anstrengung saß der Amtsrichter auf dem Sofa, nachsinnend in den gegenüberhängenden großen Wandspiegel blickend, der das Bild des brennenden Baumes zurückstrahlte.

Frau Ellen, die ganz heimlich ein wenig aufzuräumen begann, wollte eben die geleerte Kiste an die Seite setzen, als sie wie in Gedanken noch einmal mit der Hand durch die Papierspäne streifte. Sie stutzte. „Unerschöpflich!" sagte sie lächelnd. – Es war ein Star von Schokolade, den sie hervorgeholt hatte. „Und, Paul", fuhr sie fort, „er spricht!"

Sie hatte sich zu ihm auf die Sofalehne gesetzt, und beide lasen nun gemeinschaftlich den beschriebenen Zettel, den der Vogel in seinem Schnabel trug: „Einen Wald- und Weihnachtsgruß von einer dankbaren Freundin!"

„Also von ihr!" sagte der Amtsrichter, „ihr Herz hat ein gutes Gedächtnis. Knecht Ruprecht mußte einen tüchtigen Weg zurücklegen; denn das Gut liegt fünf ganze Meilen von hier."

Frau Ellen legte den Arm um ihres Mannes Nacken. „Nicht wahr, Paul, wir wollen auch nicht undankbar gegen die Fremde sein?"

„Oh, ich bin nicht undankbar; – aber –"

„Was denn aber, Paul?"

„Was mögen drüben jetzt die Alten machen!"

Sie antwortete nicht darauf; sie gab ihm schweigend ihre Hand.

„Wo ist Harro?" fragte er nach einer Weile.

Harro war eben wieder ins Zimmer getreten; aus einer Schachtel, die er mit sich brachte, nahm er eine kleine, verblichene Figur und befestigte sie sorgfältig an einen Zweig des Tannenbaums. Die Eltern hatten es wohl erkannt; es war ein Stück von dem Zuckerzeug des letzten heimatlichen Weihnachtsbaums; ein Dragoner auf schwarzem Pferde in langem, graublauem Mantel. Der Knabe stand davor und betrachtete es unbeweglich; seine großen, blauen Augen unter der breiten Stirn wurden immer finsterer. „Vater", sagte er endlich, und seine Stimme zitterte, „es war doch schade um unser schönes Heer! – Wenn sie es nur nicht aufgelöst hätten – ich glaube, dann wären wir wohl noch zu Hause!"

Eine lautlose Stille folgte, als der Knabe das gesprochen. Dann rief der Vater seinen Sohn und zog ihn dicht an sich heran. „Du kennst noch das alte Haus deiner Großeltern", sagte er, „du bist vielleicht das letzte Kind von den Unseren, das noch auf den großen übereinander getürmten Bodenräumen gespielt hat, denn die Stunde ist nicht mehr fern, daß es in fremde Hand kommen wird. – Einer deiner Urahnen hat es einst für seinen Sohn gebaut. Der junge Mann fand es fertig und ausgestattet vor, als er nach mehrjähriger Abwesenheit in den Handelsstädten Frankreichs nach seiner Heimat zurückkehrte. Bei seinem Tode hat er es seinen Nachkommen hinterlassen, und sie haben darin gewohnt als Kaufherren und Senatoren, oder, nachdem sie sich dem Studium der Rechte zugewandt hatten, als Bürgermeister oder Syndici ihrer Vaterstadt. Es waren angesehene und wohldenkende Männer, die im Lauf der Zeit ihre Kraft und ihr Vermögen auf mannigfache Weise ihren Mitbürgern zugute kommen ließen. So waren sie wurzelfest geworden in der Heimat. Noch in meiner Knabenzeit gab es unter den tüchtigeren Handwerkern fast keine Familie, wo nicht von den Voreltern oder Eltern eines in den Diensten der Unserigen gestanden hätte; sei es auf den Schiffen oder in den Fabriken oder auch im Hause selbst. – Es waren das Verhältnisse des gegenseitigen Vertrauens; jeder rühmte sich des anderen und suchte sich des anderen wert zu zeigen; wie ein Erbe ließen es die Eltern ihren Kindern; sie kannten sich alle, über Geburt und Tod hinaus, denn sie kannten Art und Geschlecht der Jungen, die geboren wurden, und der Alten, die vor ihnen dagewesen waren." – Der Amtsrichter schwieg einen Augenblick, während der Knabe unbeweglich zu ihm emporsah. „Aber nicht allein in die Höhe", fuhr er fort, „auch in die Tiefe haben deine Voreltern gebaut; zu dem steinernen Hause in der Stadt gehörte die Gruft draußen auf dem Kirchhof; denn auch die Toten sollten noch beisammen sein. – Und seltsam, da ich des inne ward, daß ich fort mußte, mein erster Gedanke war, ich könnte dort den Platz verfehlen. – Ich habe sie mehr als einmal offen gesehen; das letztemal, als deine Urgroßmutter starb, eine Frau in hohen Jahren, wie sie den Unserigen vergönnt zu sein pflegen. – Ich vergesse den Tag nicht. Ich war hinabgestiegen und stand unten in der Dunkelheit zwischen den Särgen, die neben und über mir auf den eisernen Stangen ruhten; die ganze alte Zeit, eine ernste, schweigsame Gesellschaft. Neben mir war der Totengräber, ein eisgrauer Mann. Aber einst war er jung gewesen und hatte als Kutscher, den schwarzen Pudel zwischen den Knien, die Rappen meines Großvaters gefahren. – Er stand an einen hohen Sarg gelehnt und ließ wie liebkosend seine Hand über das schwarze Tuch des Deckels gleiten. ‚Dat is min ole Herr!' sagte er in seinem Plattdeutsch; ‚dat weer en gude Mann!' – Mein Kind, nur dort zu Hause konnte ich solche Worte hören. Ich neigte unwillkürlich das Haupt; denn mir war, als fühlte ich den Segen der Heimat sich leibhaftig auf mich niedersenken. Ich war der Erbe dieser Toten; sie selbst waren zwar dahingegangen; aber ihre Güte und Tüchtigkeit lebte noch, und war für mich da und half mir, wo ich selber irrte, wo meine Kräfte mich verließen. – Und auch jetzt noch, wenn ich – mir und den Meinen nicht zur Freude, aber getrieben von jenem geheimnisvollen Weh, auf kurze Zeit zurückkehrte, ich weiß es wohl, dem sich dann alle Hände dort entgegenstreckten, das war nicht ich allein."

Er war aufgestanden und hatte einen Fensterflügel aufgestoßen. Weithin dehnte sich das Schneefeld; der Wind sauste; unter den Sternen vorüber jagten die Wolken; dorthin, wo in unsichtbarer Ferne ihre Heimat lag. – Er legte fest den Arm um seine Frau, die ihm schweigend gefolgt war; seine lichtblauen Augen lugten scharf in die Nacht hinaus. „Dort!" sprach er leise; „ich will den Namen nicht nennen; er wird nicht gern gehört in deutschen Landen; wir wollen ihn still in unserem Herzen sprechen, wie die Juden das Wort für den Allerheiligsten." Und er ergriff die Hand seines Kindes und preßte sie so fest, daß der Junge die Zähne zusammenbiß. Noch lange standen sie und blickten dem dunklen Zuge der Wolken nach. – Hinter ihnen im Zimmer ging lautlos die alte Magd umher und hütete sorgsamen Auges die allmählich niederbrennenden Weihnachtskerzen.

Peter Rosegger

Als ich Christtagsfreude holen ging

In meinem zwölften Lebensjahre wird es gewesen sein, als am Frühmorgen des Christabends mein Vater mich an der Schulter rüttelte: ich solle aufwachen und zur Besinnung kommen, er habe mir was zu sagen. Die Augen waren bald offen, aber die Besinnung! Als ich unter Mithilfe der Mutter angezogen war und bei der Frühsuppe saß, verlor sich die Schlaftrunkenheit allmählich, und nun sprach mein Vater: „Peter, jetzt höre, was ich dir sage. Da nimm einen leeren Sack, denn du wirst was heimtragen. Da nimm meinen Stecken, denn es ist viel Schnee, und da nimm eine Laterne, denn der Pfad ist schlecht und die Stege sind vereist. Du mußt hinabgehen nach Langenwang. Den Holzhändler Spreitzegger zu Langenwang, den kennst du, der ist mir noch immer das Geld schuldig, zwei Gulden und sechsunddreißig Kreuzer für den Lärchenbaum. Ich laß' ihn bitten drum; schön höflich anklopfen und den Hut abnehmen, wenn du in sein Zimmer trittst. Mit dem Geld gehst nachher zum Kaufmann Doppelreiter und kaufst zwei Maßel Semmelmehl und zwei Pfund Rindschmalz, und um zwei Groschen Salz, und das tragst heim."

Jetzt war aber auch meine Mutter zugegen, ebenfalls schon angekleidet, während meine sechs jüngeren Geschwister noch ringsum an der Wand in ihren Bettchen schliefen. Die Mutter, die redete drein wie folgt: „Mit Mehl und Schmalz und Salz allein kann ich kein Christtagsessen richten. Ich brauch' dazu noch Germ [Bierhefe] um einen Groschen, Weinbeerln um fünf Kreuzer, Zucker um fünf Groschen, Safran um zwei Groschen und Neugewürz um zwei Kreuzer. Etliche Semmeln werden auch müssen sein."

„So kaufst es", setzte der Vater ruhig bei. „Und wenn dir das Geld zu wenig wird, so bittest den Herrn Doppelreiter, er möcht' die Sachen derweil borgen und zu Ostern, wenn die Kohlenraitung ist, wollt' ich schon fleißig zahlen. Eine Semmel kannst unterwegs selber essen, weil du vor Abend nicht heimkommst. Und jetzt kannst gehen, es wird schon fünf Uhr, und daß du noch die Achte-Messe erlangst zu Langenwang."

Das war alles gut und recht. Den Sack band mein Vater mir um die Mitte, den Stecken nahm ich in die rechte Hand, die Laterne mit der frischen Unschlittkerze in die linke, und so ging ich davon, wie ich zu jener Zeit in Wintertagen oft davongegangen war. Der durch wenige Fußgeher ausgetretene Pfad war holperig im tiefen Schnee, und es ist nicht immer leicht, nach den Fußstapfen unserer Vorderen zu wandeln, wenn diese zu lange Beine gehabt haben. Noch nicht dreihundert Schritte war ich gegangen, so lag ich im Schnee, und die Laterne, hingeschleudert, war ausgelöscht. Ich suchte mich langsam zusammen und dann schaute ich die wunderschöne Nacht an. Anfangs war sie ganz grausam finster, allmählich hub der Schnee an, weiß zu werden und die Bäume schwarz und in der Höhe war helles Sternengefunkel. In den Schnee fallen kann man auch ohne Laterne, so stellte ich sie seithin unter einen Strauch, und ohne Licht ging's nun besser als vorhin.

In die Talschlucht kam ich hinab, das Wasser des Fresenbachs war eingedeckt mit glattem Eise, auf welchem, als ich über den Steg ging, die Sterne des Himmels gleichsam Schlittschuh liefen. Später war ein Berg zu übersteigen; auf dem Passe, genannt der „Höllkogel", stieß ich zur wegsamen Bezirksstraße, die durch Wald und Schlag hinabführt in das Mürztal. In diesem lag ein weites Meer von Nebel, in welches ich sachte hineinkam, und die feuchte Luft fing an, einen Geruch zu haben, sie roch nach Steinkohlen; und die Luft fing an, fernen Lärm an mein Ohr zu tragen, denn im Tale hämmerten die Eisenwerke, rollte manchmal ein Eisenbahnzug über dröhnende Brücken.

Nach langer Wanderung ins Tal gekommen zur Landstraße, klingelte Schlittengeschelle, der Nebel war grau und lichter, so daß ich die Fuhrwerke und Wandersleute, die für die Feiertage nach ihren Heimstätten reisten, schon auf kleine Strecken weit sehen konnte. Nachdem ich eine Stunde lang im Tale fortgegangen war, tauchte links an der Straße im Nebel ein dunkler Fleck auf, rechts auch einer, links mehrere, rechts eine ganze Reihe – das Dorf Langenwang.

Alles, was Zeit hatte, ging der Kirche zu, denn der Heilige Abend ist voller Vorahnung und Gottesweihe. Bevor noch die Messe anfing, schritt der hagere gebückte Schulmeister durch die Kirche, musterte die Andächtigen, als ob er jemanden suche. Endlich trat er an mich und fragte leise, ob ich ihm nicht die Orgel melken wolle, es sei der Mesnerbub krank. Voll Stolz und Freude, also zum Dienste des Herrn gewürdigt zu sein, ging ich mit ihm auf den Chor, um bei der heiligen Messe den Blasebalg der Orgel zu ziehen. Während ich die zwei langen Lederriemen abwechselnd aus dem Kasten zog, in welchen jeder derselben allemal wieder langsam hineinkroch, orgelte der Schulmeister, und seine Tochter sang also:

> „Tauet, Himmel, den Gerechten,
> Wolken, regnet ihn herab!
> Also rief in bangen Nächten
> Einst die Welt, ein weites Grab.
> In von Gott verhaßten Gründen
> Herrschten Satan, Tod und Sünden,
> Fest verschlossen war das Tor
> Zu dem Himmelsreich empor."

Ferner erinnere ich mich, an jenem Morgen nach dem Gottesdienste in der dämmerigen Kirche vor ein Heiligenbild hingekniet zu sein und gebetet zu haben um Glück und Segen zur Erfüllung meiner bevorstehenden Aufgabe. Das Bild stellte die vierzehn Nothelfer dar – einer wird doch dabei sein, der zur Eintreibung von Schulden behilflich ist. Es schien mir aber, als schiebe während meines Gebetes auf dem Bilde einer sich sachte hinter den andern zurück. Trotzdem ging ich guten Mutes hinaus in den nebeligen Tag, wo alles emsig war in der Vorbereitung zum Feste, und ging dem Hause des Holzhändlers Spreitzegger zu. Als ich daran war, zur vorderen Tür hineinzugehen, wollte der alte Spreitzegger, soviel ich mir später reimte, durch die hintere Tür entwischen. Es wäre ihm gelungen, wenn mir nicht im Augenblick geschwant hätte: Peter, geh nicht zur vorderen Tür ins Haus wie ein Herr, sei demütig, geh zur hinteren Tür hinein, wie es dem Waldbauernbuben geziemt. Und knapp an der hinteren Türe trafen wir uns.

„Ah, Bübel, du willst dich wärmen gehen", sagte er mit geschmeidiger Stimme, und deutete ins Haus, „na, geh dich nur wärmen. Ist kalt heut'!" Und wollte davon.

„Mir ist nicht kalt", antwortete ich, „aber mein Vater laßt den Spreitzegger schön grüßen und bitten ums Geld."

„Ums Geld? Wieso?" fragte er, „ja richtig, du bist der Waldbauernbub. Bist früh aufgestanden heut', wenn du schon den weiten Weg kommst. Rast nur ab. Und ich lass' deinen Vater auch schön grüßen und glückliche Feiertage wünschen; ich komm' ohnehin ehzeit [bald] einmal zu euch hinauf, nachher wollen wir schon gleich werden."

Fast verschlug's mir die Rede, stand doch unser ganzes Weihnachtsmahl in Gefahr vor solchem Bescheid.

„Bitt wohl von Herzen schön ums Geld, muß Mehl kaufen und Schmalz und Salz und ich darf nicht heimkommen mit leerem Sack."

Er schaute mich starr an. „Du kannst es!" brummte er, zerrte mit zäher Gebärde seine große, rote Brieftasche hervor, zupfte in den Papieren, die wahrscheinlich nicht pure Banknoten waren, zog einen Gulden heraus und sagte: „Na, so nimm derweil das, in vierzehn Tagen wird dein Vater den Rest schon kriegen. Heut' hab' ich nicht mehr."

Den Gulden schob er mir in die Hand, ging davon und ließ mich stehen.

Ich blieb aber nicht stehen, sondern ging zum Kaufmann Doppelreiter. Dort begehrte ich ruhig und gemessen, als ob nichts wäre, zwei Maßel Semmelmehl, zwei Pfund Rindschmalz, um zwei Groschen Salz, um einen Groschen Germ, um fünf Kreuzer Weinbeerln, um fünf Groschen Zucker, um zwei Groschen Safran und um zwei Kreuzer Neugewürz. Der Herr Doppelreiter bediente mich selbst und machte mir alles hübsch zurecht in Päckchen und Tütchen, die er dann mit Spagat zusammen in ein einziges Paket band und an den Mehlsack so hing, daß ich das Ding über die Achsel tragen konnte, vorne ein Bündel und hinten ein Bündel.

Als das geschehen war, fragte ich mit einer nicht minder tückischen Ruhe als vorhin, was das alles zusammen ausmache?

„Das macht drei Gulden fünfzehn Kreuzer", antwortete er mit Kreide und Mund.

„Ja, ist schon recht", hierauf ich, „da ist derweil ein Gulden, und das andere wird mein Vater, der Waldbauer in Alpel, zu Ostern zahlen."

Schaute mich der bedauernswerte Mann an und fragt höchst ungleich: „Zu Ostern? In welchem Jahr?"

„Na nächst' Ostern."

Nun mischte sich die Frau Doppelreiterin, die andere Kunden bediente, drein und sagte: „Laß ihm's nur, Mann, der Waldbauer hat schon öfter auf Borg genommen und nachher allemal ordentlich bezahlt. Laß ihm's nur."

„Ich laß ihm's ja, werd' ihm's nicht wieder wegnehmen", antwortete der Doppelreiter. Das war doch ein bequemer Kaufmann! Jetzt fielen mir auch die Semmeln ein, welche meine Mutter noch bestellt hatte.

„Kann man da nicht auch fünf Semmeln haben?" fragte ich.

„Semmeln kriegt man beim Bäcker", sagte der Kaufmann.

Das wußte ich nun gleichwohl, nur hatte ich mein Lebtag nichts davon gehört, daß man ein paar Semmeln auf Borg nimmt, daher vertraute ich der Kaufmännin, die sofort als Gönnerin zu betrachten war, meine vollständige Zahlungsunfähigkeit an. Sie gab mir zwei bare Groschen für Semmeln, und als sie nun noch beobachtete, wie meine Augen mit den reiffeuchten Wimpern fast unablösbar an den gedörrten Zwetschken hingen, die sie einer alten Frau in den Korb tat, reichte sie mir auch noch eine Handvoll dieser köstlichen Sachen zu: „Unterwegs zum Naschen."

Nicht lange hernach, und ich trabte mit meinen Gütern reich und schwer bepackt durch die breite Dorfgasse dahin. Überall in den Häusern wurde gemetzgert, gebacken, gebraten, gekellert; ich beneidete die Leute nicht; ich bedauerte sie vielmehr, daß sie nicht ich waren, der mit so großem Segen beladen gen Alpel zog. Das wird morgen ein Christtag werden! Denn die Mutter kann's, wenn sie die Sachen hat. Ein Schwein ist ja auch geschlachtet worden daheim, das gibt Fleischbrühe mit Semmelbrocken, Speckfleck, Würste, Nierenlümperln, Knödelfleisch mit Kren, dann erst die Krapfen, die Zuckernudeln, die Schmalzkoch mit Weinbeerln und Safran! – Die Herrenleut' da in Langenwang haben so was alle Tag, das ist nichts, aber wir haben es im Jahr einmal und kommen mit unverdorbenem Magen dazu, *das* ist was! – Und doch dachte ich auf diesem belasteten Freudenmarsch weniger noch ans Essen, als an das liebe Christkind und sein hochheiliges Fest. Am Abend, wenn ich nach Hause komme, werde ich aus der Bibel davon vorlesen, die Mutter und die Magd Mirzel werden Weihnachtslieder singen; dann, wenn es zehn Uhr wird, werden wir uns aufmachen nach Sankt Kathrein, und in der Kirche die feierliche Christmette begehen bei Glocken, Musik und unzähligen Lichtern. Und am Seitenaltar ist das Krippel aufgerichtet mit Ochs und Esel und den Hirten, und auf dem Berg die Stadt Bethlehem und darüber die Engel, singend: Ehre sei Gott in der Höhe! Und beim Heimgehen werde ich mich nicht wieder verirren, wie dazumal, als mich die Mooswaberl hat müssen heimbringen. – Solche Gedanken trugen mich anfangs wie Flügel, doch als ich eine Weile die schlittenglatte Landstraße dahingegangen war, unter den Füßen den knirschenden Schnee, mußte ich mein Doppelbündel schon einmal wechseln von einer Achsel auf die andere. In der Nähe des Wirtshauses „Zum Sprengzaun" fuhr mir etwas Vierspänniges vor. Ein leichtes Schlittlein mit vier feurigen, hochaufgefederten Rappen bespannt, auf dem Bock ein Kutscher mit glänzenden Knöpfen und einem Buttenhut. Der Kaiser? Nein, der Herr Wachtler vom Schlosse Hohenwang saß im Schlitten, über und über in Pelze gehüllt und eine Zigarre schmauchend. Ich blieb stehen, schaute dem blitzschnell vorüberrutschenden Zeug eine Weile nach und dachte: Etwas krumm ist es doch eingerichtet auf dieser Welt. Da sitzt ein starker Mann drin und läßt sich hinziehen mit soviel überschüssiger Kraft, und ich vermag mein Bündel kaum zu schleppen.

Mittlerweile war es Mittagszeit geworden. Durch den Nebel war die milchweiße Scheibe der Sonne zu sehen; sie war nicht hoch an dem Himmel hinaufgestiegen, denn um vier Uhr wollte sie ja wieder unten sein, zur langen Christnacht. Ich fühlte in den Beinen manchmal so ein heißes Prickeln, das bis in die Brust heraufstieg, es zitterten mir die Glieder. Nicht weit von der Stelle, wo der Weg nach Alpel abzweigt, stand ein Kreuz mit dem lebensgroßen Bilde des Heilands. Es stand, wie es heute noch steht, an seinem Fuß Johannes und Magdalena, das Ganze mit einem Bretterverschlag verwahrt, so daß es wie eine Kapelle war. Vor dem Kreuze auf die Bank, die für kniende Beter bestimmt ist, setzte ich mich nieder, um Mittag zu halten. Eine Semmel, die gehörte mir, meine Neigung zu ihr war so groß, daß ich sie am liebsten in wenigen Bissen verschluckt hätte. Allein das schnelle Schlucken ist nicht gesund, das wußte ich von anderen Leuten, und das langsame Essen macht einen längeren Genuß, das wußte ich schon von mir selber. Also beschloß ich, die Semmel recht gemächlich und bedächtig zu genießen und dazwischen manchmal eine gedörrte Zwetschke zu naschen.

Es war eine sehr köstliche Mahlzeit. Wenn ich heute etwas recht Gutes haben will, was kostet das für außerordentliche Anstrengungen aller Art! Ach, wenn man nie einen Mangel zu leiden hat, wie wird man da arm!

Und wie war ich so reich damals, als ich arm war!

Als ich nach der Mahlzeit mein Doppelbündel wieder auflud, war's ein Spaß mit ihm, flink ging es voran. Nur nicht allzulange. Als ich später in die Bergwälder hinaufkam, und der graue Nebel dicht in den schneebeschwerten Bäumen hing, dachte ich an den Grabler Hansel. Das war ein Kohlenführer, der täglich von Alpel seine Fuhr ins Mürztal lieferte. Wenn er auch heute gefahren wäre! Und wenn er jetzt heimwärts mit dem leeren Schlitten des Weges käme und mir das Bündel auflüde! Und am Ende gar mich selber! Daß es so heiß sein kann im Winter! Mitten in Schnee und Eisschollen schwitzen! Doch morgen wird alle Mühsal vergessen sein. – Derlei Gedanken und Vorstellungen verkürzten mir unterwegs die Zeit.

Auf einmal roch ich starken Tabakrauch. Knapp hinter mir ging – ganz leise auftretend – der grüne Kilian. Der Kilian war früher einige Zeit lang Forstgehilfe in den gewerkschaftlichen Waldungen gewesen, jetzt war er's nicht mehr, wohnte mit seiner Familie in einer Hütte drüben in der Fischbacher Gegend, man wußte nicht recht, was er trieb. Nun ging er nach Hause. Er hatte einen Korb auf dem Rücken, an dem er nicht schwer zu tragen schien, sein Gewand war noch ein jägermäßiges, aber hübsch abgetragen, und sein schwarzer Vollbart ließ nicht viel sehen von seinem etwas fahlen Gesicht. Als ich ihn bemerkt hatte, nahm er die Pfeife aus dem Mund, lachte laut und sagte: „Wo schiebst denn hin, Bub?"

„Heim zu", war meine Antwort.

„Was schleppst denn?"

„Sachen für den Christtag."

„Gute Sachen? Der Tausend sapperment! Wem gehörst denn zu?"

„Dem Waldbauer."

„Zum Waldbauer willst gar hinauf! Da mußt gut antauchen."

„Tu's schon", sagte ich und tauchte an.

„Nach einem solchen Marsch wirst gut schlafen bei der Nacht",
sprach der Kilian, mit mir gleichen Schritt haltend.

„Heut wird nicht geschlafen bei der Nacht, heut' ist Christnacht."

„Was willst denn sonst tun, als schlafen bei der Nacht?"

„Nach Kathrein in die Mette gehen."

„Nach Kathrein?" fragte er, „den weiten Weg?"

„Um zehn Uhr abends gehen wir von Haus fort und um drei Uhr
früh sind wir wieder daheim."

Der Kilian biß in sein Pfeifenrohr und sagte: „Na hörst du, da
gehört viel Christentum dazu. Beim Tag ins Mürztal und bei der
Nacht in die Mette nach Kathrein! Soviel Christentum hab' ich
nicht, aber das sage ich dir doch: wenn du dein Bündel in meinen
Buckelkorb tun willst, daß ich es dir eine Zeitlang trag' und du dich
ausrasten kannst, so hast ganz recht, warum soll der alte Esel nicht
auch einmal tragen!"

Damit war ich einverstanden, und während mein Bündel in seinen
Korb sank, dachte ich: Der grüne Kilian ist halt doch ein besserer
Mensch als man sagt.

Dann rückten wir wieder an, ich huschte frei und leicht neben ihm
her.

„Ja, ja, die Weihnachten!" sagte der Kilian pfauchend, „da geht's
halt drunter und drüber. Da reden sich die Leut' in eine Aufregung
und Frömmigkeit hinein, die gar nicht wahr ist. Im Grund ist der
Christtag wie jeder andere Tag, nicht einen Knopf anders. Der Reiche, ja, der hat jeden Tag Christtag, unsereiner hat jeden Tag
Karfreitag."

„Der Karfreitag ist auch schön", war meine Meinung.

„Ja, wer genug Fische und Butter und Eier und Kuchen und Krapfen hat zum Fasten!" lachte Kilian.

Mir kam sein Reden etwas heidentümlich vor. Doch was er noch
weiters sagte, das verstand ich nicht mehr, denn er hatte angefangen, sehr heftig zu gehen, und ich konnte nicht recht nachkommen.
Ich rutschte auf dem glitschigen Schnee mit jedem Schritt ein

Stückchen zurück, der Kilian hatte Fußeisen angeschnallt, hatte lange Beine, war nicht abgemattet – da ging's freilich voran.

„Herr Kilian!" rief ich.

Er hörte es nicht. Der Abstand zwischen uns wurde immer größer, bei Wegbiegungen entschwand er mir manchmal ganz aus den Augen, um nachher wieder in größerer Entfernung, halb schon von Nebeldämmerung verhüllt, aufzutauchen. Jetzt wurde mir bang um mein Bündel. Kamen wir ja doch schon dem Höllkogel nahe. Das ist jene Stelle, wo der Weg nach Alpel und der Weg nach Fischbach sich gabeln. Ich hub an zu laufen; im Angesicht der Gefahr war alle Müdigkeit dahin, ich lief wie ein Hündlein und kam ihm näher. Was wollte ich aber anfangen, wenn ich ihn eingeholt hätte, wenn ihm der Wille fehlte, die Sachen herzugeben, und mir die Kraft, sie zu nehmen? Das kann ein schönes Ende werden mit diesem Tage, denn die Sachen lasse ich nicht im Stich, und sollte ich ihm nachlaufen müssen bis hinter den Fischbacher Wald zu seiner Hütte!

Als wir beide so merkwürdig schnell vorwärts kamen, holten wir ein Schlittengespann ein, das vor uns mit zwei grauen Ochsen und einem schwarzen Kohlenführer langsam des Weges schliff. Der Grabler Hansel. Mein grüner Kilian wollte schon an dem Gespann vorüberhuschen, da schrie ich von hinten her aus Leibeskräften: „Hansel! Hansel! Sei so gut, leg mir meine Chisttagssachen auf den Schlitten, der Kilian hat sie im Korb und er soll sie dir geben!"

Mein Geschrei muß wohl sehr angstvoll gewesen sein, denn der Hansel sprang sofort von seinem Schlitten und nahm eine tatbereite Haltung an. Und wie der Kilian merkte, ich hätte hier einen Bundesgenossen, riß er sich den Korb vom Rücken und schleuderte das Bündel auf den Schlitten. Noch knirschte er etwas von „dummen Bären" und „Undankbarkeit", dann war er auch schon davon.

Der Hansel rückte das Bündel zurecht und fragte, ob man sich draufsetzen dürfe. Das bat ich, nicht zu tun.

So tat er's auch nicht, wir setzten uns hübsch nebeneinander auf den Schlitten, und ich hielt auf dem Schoß sorgfältig mit beiden Händen die Sachen für den Christtag. So kamen wir endlich nach Alpel. Als wir zur ersten Fresenbrücke gekommen waren, sagte der Hansel zu den Ochsen: „Oha!" und zu mir: „So!" Die Ochsen verstanden und blieben stehen, ich verstand nicht und blieb sitzen. Aber nicht mehr lange, es war ja zum Aussteigen, denn der Hansel mußte links in den Graben hinein und ich rechts den Berg hinauf.

„Dank dir's Gott, Hansel!"

„Ist schon gut, Peterl."

Zur Zeit, da ich mit meiner Last den steilen Berg hinanstieg gegen mein Vaterhaus, begann es zu dämmern und zu schneien. Und zuletzt war ich doch daheim.

„Hast alles?" fragte die Mutter am Kochherd mir entgegen.

„Alles!"

„Brav bist. Und hungrig wirst sein."

Beides ließ ich gelten. Sogleich zog die Mutter mir die klinghart gefrorenen Schuhe von den Füßen, denn ich wollte, daß sie frisch eingefettet würden für den nächtlichen Mettengang. Dann setzte ich mich in der warmen Stube zum Essen.

Aber siehe, während des Essens geht es zu Ende mit meiner Erinnerung. – Als ich wieder zu mir kam, lag ich wohlausgeschlafen in meinem warmen Bette, und zum kleinen Fenster herein schien die Morgensonne des Christtages.

Felix Timmermans

Sankt Nikolaus in Not

Es fielen noch ein paar mollige Flocken aus der wegziehenden Schneewolke, und da stand auf einmal auch schon der runde Mond leuchtend über dem weißen Turm.

Die beschneite Stadt wurde eine silberne Stadt.

Es war ein Abend von flaumweicher Stille und lilienreiner Friedsamkeit. Und wären die flimmernden Sterne herniedergesunken, um als Heilige in goldenen Meßgewändern durch die Straßen zu wandeln – niemand hätte sich gewundert.

Es war ein Abend, wie geschaffen für Wunder und Mirakel. Aber keiner sah die begnadete Schönheit des alten Städtchens unter dem mondbeschienenen Schnee.

Die Menschen schliefen.

Nur der Dichter Remoldus Keersmaeckers, der in allem das Schöne sah und darum lange Haare trug, saß noch bei Kerzenschein und Pfeifenrauch und reimte ein Gedicht auf die Götter des Olymps und die Herrlichkeit des griechischen Himmels, die er so innig auf Holzschnitten bewundert hatte.

Der Nachtwächter Dries Andijvel, der auf dem Turm die Wache hielt, huschte alle Viertelstunden hinaus, blies eilig drei Töne in die vier Windrichtungen, kroch dann zurück in die warme, holzgetäfelte Kammer zum bullernden Kanonenöfchen und las weiter in seinem Liederbüchlein: „Der flämische Barde, hundert Lieder für fünf Groschen." War eins dabei, von dem er die Weise kannte, dann kratzte er die auf einer alten Geige und sang das Lied durch seinen weißen Bart, daß es bis hoch ins rabenschwarze Gerüst des Turmes schallte. Ein kühles Gläschen Bier schmierte ihm jedesmal zur Belohnung die Kehle.

Trinchen Mutser aus dem „Verzuckerten Nasenflügel" saß in der Küche und sah traurig durch das Kreuzfensterchen in ihren Laden.

Ihr Herz war in einen Dornbusch gefallen. Trinchen Mutsers Herz war ganz durchstochen und durchbohrt, nicht weil all ihr Zuckerzeug heut am Sankt-Nikolaus-Abend ausverkauft war – ach nein! weil das große Schokoladenschiff stehengeblieben war. Einen halben Meter war es hoch und so lang wie von hier bis dort! Wie wunderschön stand es da hinter den flaschengrünen Scheiben ihres Lädchens, lustig mit Silberpapier beklebt, verziert mit rosa Zuckerrosetten, mit Leiterchen aus weißem Zucker und mit Rauch in den Schornsteinen. Der Rauch war weiße Watte.

Das ganze Stück kostete soviel wie all die kleinen Leckereien, die Pfefferkuchenhähne mit einem Federchen am Hintern, die Knusperchen, die Schaumflocken, die Zuckerbohnen und die Schokoladenplätzchen zusammen. Und wenn das Stück, das Schiff aus Schokolade, das sich in rosa Zuckerbuchstaben als die „Kongo" auswies, nicht verkauft wurde, dann lag ihr ganzer Verdienst im Wasser, und sie verlor noch Geld obendrein.

Warum hat sie das auch kaufen müssen? Wo hat sie nur ihre Gedanken gehabt! So ein kostbares Stück für ihren bescheidenen kleinen Laden!

Wohl waren alle gekommen, um es sich anzusehn, Mütter und Kinder, sie hatte dadurch verkauft wie noch nie. Aber kein Mensch fragte nach dem Preis, und so blieb es stehen und rauchte immer noch seine weiße Watte, stumm wie ein toter Fisch.

Als Frau Doktor Vaes gekommen war, um Varenbergsche Hustenbonbons zu holen, da hatte Trinchen gesagt: „Sehen Sie nur mal, Frau Doktor Vaes, was für ein schönes Schiff! Wenn ich Sie wäre, dann würde ich Ihren Kindern nichts anderes zum Sankt Nikolaus schenken als dieses Schiff. Sie werden selig sein, wie im Himmel."

„Ach", sagte Frau Vaes abwehrend, „Sankt Nikolaus ist ein armer Mann. Die Kinder werden schon viel zu sehr verwöhnt, und außerdem gehen die Geschäfte von dem Herrn Doktor viel zu schlecht. Wissen Sie wohl, Trinchen, daß es in diesem Winter fast keine Kranken gibt? Wenn das nicht besser wird, weiß ich gar nicht, was wir anfangen sollen." Und sie kaufte zwei Pfefferkuchenhähne auf einem Stäbchen und ließ sich tagelang nicht mehr sehen.

Und heute war Nikolausabend, aller Kleinkram war verkauft, nur die „Kongo" stand noch da in ihrer braunen Kongofarbe und rauchte einsam und verlasen ihre weiße Watte. Zwanzig Franken Verlust! Der ganze Horizont war schwarz wie die „Kongo" selber. Vielleicht könnte man sie stückweise verkaufen oder verlosen? Ach nein, das brachte noch nicht fünf Franken ein, und sie konnte das Ding doch nicht auf die Kommode stellen neben die anderen Nippsachen.

Ihr Herz war in einen Dornbusch gefallen. Sie zündete eine Kerze an für den heiligen Antonius und eine für Sankt Nikolaus und betete einen Rosenkranz, auf daß der Himmel sich des Schiffes annehmen möge und Gnade tauen. Sie wartete und wartete.

Die Stille wanderte auf und ab.

Um zehn Uhr machte sie die Fensterläden zu und konnte in ihrem Bett vor Kummer nicht schlafen.

Und es gab noch ein viertes Wesen in dem verschneiten Städtchen, das nicht schlief. Das war ein kleines Kind, Cäcilie; es hatte ein seidig blondes Lockenköpfchen und war so arm, daß es sich nie mit Seife waschen konnte, und ein Hemdchen trug es, das nur noch einen Ärmel hatte und am Saum ausgefranst war wir Eiszapfen an der Dachrinne.

Die kleine Cäcilie saß, während ihre Eltern oben schliefen, unter dem Kamin und wartete, bis Sankt Nikolaus das Schokoladenschiff von Trinchen Mutser durch den Schornstein herunterwerfen würde. Sie wußte, es würde ihr gebracht werden; sie hatte es jede Nacht geträumt, und nun saß sie da und wartete voller Zuversicht und Geduld darauf; und weil sie fürchtete, das Schiff könne beim Fallen kaputtgehen, hatte sie sich ihr Kopfkissen auf den Arm gelegt, damit es weich wie eine Feder darauf niedersinken könnte.

Und während nun die vier wachenden Menschen im Städtchen: der Dichter, der Turmwächter, Trinchen Mutser und Cäcilie, ein jedes mit seiner Freude, seinem Kummer oder seiner Sehnsucht beschäftigt, nichts sahen von der Nacht, die war wie ein Palast, öffnete sich der Mond wie ein runder Ofen mit silberner runder Tür, und es stürzte aus der Mondhöhle eine solche strahlende Klarheit hernieder, daß sie sich auch mit goldener Feder nicht beschreiben ließe. Einen Augenblick lang fiel das echte Licht aus dem wirklichen Himmel auf die Erde. Das geschah, um Sankt Nikolaus auf seinem weißen, schwer beladenen Eselchen und den schwarzen Knecht Ruprecht durchzulassen.

Aber wie kamen sie nun auf die Erde? Ganz einfach. Das Eselchen stellte sich auf einen Mondstrahl, stemmte die Beine steif und glitschte nur so herunter, wie auf einer schrägen Eisbahn. Und der schlaue Knecht Ruprecht faßte den Schwanz vom Eselchen und ließ sich ganz behaglich mitziehen, auf den Fersen hockend. So kamen sie ins Städtchen, mitten auf den beschneiten Großen Markt.

In Körben , die zu beiden Seiten des Eselchens hingen, dufteten die bunten Leckereien, die Knecht Ruprecht unter der Aufsicht von Sankt Nikolaus in der Konditorei des Himmels gebacken hatte. Und als man sah, daß es nicht reichte und der Zucker zu Ende ging, da hatte Knecht Ruprecht sich in Zivil geworfen, um unerkannt in den Läden, auch bei Trinchen Mutser, Süßigkeiten zu kaufen, von dem Geld aus den Sankt-Nikolaus-Opferstöcken, die er alle Jahre einmal in den Kirchen ausleeren durfte.

Mit all den Leckereien war er an einem Mondstrahl in den schönen Himmel hinaufgeklettert, und nun mußte das alles verteilt werden an die kleinen Freunde von Sankt Nikolaus.

Sankt Nikolaus ritt durch die Straßen, und bei jedem Haus, in dem ein Kind wohnte, gab er je nach der Artigkeit des Kindes dem Knecht Ruprecht Leckereien, welcher dieser, mit Katzengeschmeidigkeit an Regenkandeln und Dachrinnen entlang kletternd und über die Ziegel krabbelnd, zum Schornstein brachte; da ließ er sie dann vorsichtig hinunterfallen durch das kalte zugige Kaminloch, gerade auf einen Teller oder einen Holzschuh hinein, ohne die zerbrechlichen Köstlichkeiten auch nur etwas zu bestoßen oder zu schrammen.

Knecht Ruprecht verstand sich auf seine Sache, und Sankt Nikolaus liebte ihn wie seinen Augapfel.

So bearbeiteten sie das ganze Städtchen, warfen herab, wo zu werfen war, sogar hier und da eine harte Rute für rechte Taugenichtse.

„Da wären wir bis zum nächsten Jahr wieder mal fertig", sagte der Knecht Ruprecht, als er die leeren Körbe sah. Er steckte sich ein Pfeifchen an und stieß einen erleichterten Seufzer aus, weil die Arbeit nun getan war.

„Was?" fragte Sankt Nikolaus beunruhigt. „Ist nichts mehr drin? Und die kleine Cäcilie? Die brave kleine Cäcilie? Schscht!"

Sankt Nikolaus sah auf einmal, daß sie vor Cäciliens Haus standen, und legte mahnend den Finger auf den Mund. Doch das Kind hatte die warme, brummende Stimme gehört wie Hummelgesumm, machte große Augen unter dem goldenen Lockenkopf, glitt ans Fenster, schob das Gardinchen weg und sah Sankt Nikolaus, den wirklichen Sankt Nikolaus.

Das Kind stand mit offenem Munde staunend da. Und während es sich gar nicht fassen konnte über den goldenen Bischofsmantel, der funkelte von bunten Edelsteinen wie ein Garten, über die Pracht der Mitra, worauf ein diamantenes Kreuz Licht in die Nacht hineinschnitt wie mit Messern, über den Reichtum der Ornamente am Krummstab, wo ein silberner Pelikan das Rubinenblut pickte für seine Jungen, während sie die feine Spitze besah, die über den purpurnen Mantel schleierte, während sie Gefallen fand an dem guten weißen Eselchen, und während sie lachen mußte über die Grimassen von dem drolligen schwarzen Knecht, der die weißen Augen herumrollte, als ob sie lose wie Taubeneier in seinem Kopf lägen, während alledem hörte sie die zwei Männer also miteinander reden:

„Ist gar nichts mehr in den Körben, lieber Ruprecht?"

„Nein, heiliger Herr, so wenig wie in meinem Geldsäckel."

„Sieh noch einmal gut nach, Ruprecht!"

„Ja, heiliger Herr, und wenn ich die Körbe auch ausquetsche, so kommt doch nicht soviel heraus wie eine Stecknadel."

Sankt Nikolaus strich kummervoll über seinen schneeweißen Lockenbart und zwinkerte mit seinen honiggelben Augen.

„Ach", sagte der schwarze Knecht, „da ist nun doch nichts mehr zu machen, heiliger Herr. Schreib der kleinen Cäcilie, daß sie im kommenden Jahr doppelt und dreimal soviel kriegen soll."

„Niemals! Ruprecht! Ich, der ich im Himmel wohnen darf, weil ich drei Kinder, die schon zerschnitten und eingepökelt waren, wieder zum Leben gebracht und ihrer Mutter zurückgegeben habe, ich sollte nun diese kleine Cäcilie, das bravste Kind der ganzen Welt, leer ausgehen lassen und ihm eine schlechte Meinung von mir beibringen? Nie, Ruprecht! Nie!"

Knecht Ruprecht rauchte heftig, das brachte auf gute Gedanken, und sagte plötzlich: „Aber, heiliger Herr, nun hört mal zu! Wir haben keine Zeit mehr, um noch einmal zum Himmel zurückzukehren. Ihr wißt, für Sank Peter ist der Himmel kein Taubenschlag. Und außerdem, der Backofen ist kalt und der Zucker zu Ende. Und hier in der Stadt schläft alles, und es ist Euch sowohl wie mir verboten, Menschen zu wecken, und zudem sind auch alle Läden ausverkauft."

Sankt Nikolaus strich nachdenklich über seine von vier Falten durchzogene Stirn, neben der schon Löckchen glänzten, denn sein Bart begann dicht unter dem Rande seines schönen Hutes.

Ich brauche euch nicht zu erzählen, wie Cäcilie langsam immer bekümmerter wurde von all den Worten. Das reiche Schiff sollte nicht bei ihr stranden! Und auf einmal schoß es leuchtend durch ihr Köpfchen. Sie machte die Tür auf und stand in ihrem zerschlissenen Hemdchen auf der Schwelle. Sankt Nikolaus und Knecht Ruprecht fuhren zusammen wie die Kaninchen. Doch Cäcilie schlug ehrerbietig ein Kreuz, stapfte, mit ihren bloßen Füßchen in den Schnee und ging zu dem heiligen Kinderfreund. „Guten Tag, lieber Sankt Nikolaus", stammelte das Kind. „Alles ist noch nicht ausverkauft ...

bei Trinchen Mutser steht noch ein großes Schokoladenschiff vom Kongo ... wie sie die Läden vorgehängt hat, stand es noch da. Ich hab es gesehen!"

Von seinem Schreck sich erholend, rief Sankt Nikolaus erfreut: „Siehst du wohl, es ist noch nicht alles ausverkauft! Auf zu Trinchen Mutser! Zu Trinchen ... aber ach! ...", und seine Stimme zittert verzweifelt, „wir dürfen niemand wecken."

„Ich auch nicht, Sankt Nikolaus?" fragte das Kind.

„Bravo!" rief der Heilige, „wir sind gerettet, kommt!"

Und sie gingen mitten auf der Straße, die kleine Cäcilie mit ihren bloßen Füßen voran, gerade nach der Eierwaffelstraße, wo Trinchen Mutser wohnte. In der Süßrahmbutterstraße wurde ihr Blick auf ein erleuchtetes Fenster gelenkt. Auf dem heruntergelassenen Vorhang sahen sie den Schatten von einem dürren, langhaarigen Menschen, der mit einem Büchlein und einer Pfeife in der Hand große Gebärden machte, und sein Mund ging dabei auf und zu.

„Ein Dichter", sagte Sankt Nikolaus und lächelte.

Sie kamen vor Trinchen Mutsers Haus. Im Mondlicht konnten sie gut das Aushängeschild erkennen: „Zum verzuckerten Nasenflügel".

„Weck sie rasch auf", sagte Sankt Nikolaus. Und das Kindchen lehnte sich mit dem Rücken an die Tür und klopfte mit einer Ferse gegen das Holz. Aber das klang leise wie ein Samthämmerchen.

„Stärker", sagte der schwarze Knecht. „Wenn ich noch stärker klopfe, wird's noch weniger gehen, denn mein Fuß tut mir weh", sagte das Kind.

„Mit den Fäusten", sagte Knecht Ruprecht. Doch die Fäustchen waren noch leiser als die Fersen.

„Wart, ich werd meinen Schuh ausziehen, dann kannst du damit klopfen", sagte Knecht Ruprecht.

„Nein", gebot Sankt Nikolaus, „kein Drehn und Deuteln! Gott ist heller um uns als dieser Mondschein und duldet keine Advokatenkniffe" Und doch hätte der gute Mann sich gern einen Finger abgebissen, um Cäcilie befriedigen zu können.

„Ach! aber der Kerl mit den Affenhaaren auf dem Vorhang", rief Knecht Ruprecht erfreut, „den darf ich rufen, der schläft nicht!"

„Der Dichter! Der Dichter!" lachte Sankt Nikolaus. Und nun gingen sie alle drei schnell zu dem Dichter Remoldus Keersmaeckers. Und kurzerhand machte Knecht Ruprecht kleine Schneebälle, die er ans Fenster warf. Der Schatten stand still, das Fenster ging auf, und das lange Gestell des Dichters, der Verse von den Göttern und Göttinnen des Olymps hersagte, wurde im Mondschein sichtbar und fragte von oben: „Welche Muse kommt, um mir Heldengesänge zu diktieren?"

„Du sollst Trinchen Mutser für uns wecken", rief Sankt Nikolaus, und er erzählte seine Not.

„Ja, bist du denn der wirkliche Sankt Nikolaus?" fragte Remoldus.

„Der bin ich!" Und darauf kam der Dichter erfreut herunter, jätete allen Dialekt aus seiner Sprache, machte Verbeugungen und redete von Dante, Beatrice, Vondel, Milton und anderen Dichtergestalten, die er im Himmel glaubte. Er stand zu Diensten.

Sie kamen zu Trinchen Mutser, und der Dichter stampfte und rammelte mit so viel Temperament an der Tür, daß das Frauenzimmer holterdiepolter aus dem Bett stürmte und erschrocken das Fenster öffnete.

„Geht die Welt unter?"

„Wir kommen wegen dem großen Schokoladenschiff", sagte Sankt Nikolaus, weiter konnte er ihr nichts erklären, denn sie war schon weg und kam wieder in ihrer lächerlichen Nachtbekleidung, mit einem bloßen Fuß und einem Strumpf in der Hand, und machte die Türe auf.

Sie steckte die Lampe an und ging sofort hinter den Ladentisch, um zu bedienen. Sie dachte, es müsse der Bischof von Mecheln sein.

„Herr Bischof", sagte sie stotternd, „hier ist das Schiff aus bester Schokolade, und es kostet fünfundzwanzig Franken." Der Preis war nur zwanzig Franken, aber ein Bischof kann ja gern fünf Franken mehr zahlen.

Aber nun platzte die Bombe! Geld! Sankt Nikolaus hatte kein Geld, das hat man im Himmel nun einmal nicht nötig. Knecht Ruprecht hatte auch kein Geld, das Kind hatte nur ein zerschlissenes Hemdchen an, und der Dichter kaute an seinem langen Haupt- und Barthaar vor Hunger – er war vier Wochen Miete schuldig.

Niedergeschlagen sahen sie einander an.

„Es ist Gott zuliebe", sagte Sankt Nikolaus. Gerne hätte er seine Mitra gegeben, aber alles das war ihm vom Himmel geliehen, und es wäre Heiligenschändung gewesen, es wegzugeben.

Trinchen Mutser rührte sich nicht und betrachtete sie finster.

„Tu es dem Himmel zuliebe", sagte Knecht Ruprecht. „Nächstes Jahr will ich auch deinen ganzen Laden aufkaufen."

„Tu es aus lauter Poesie", sagte der Dichter theatralisch.

Aber Trinchen rührte sich nicht, sie fing an zu glauben, weil sie kein Geld hatten, daß es verkleidete Diebe seien.

„Schert euch raus! Hilfe! Hilfe!" schrie sie auf einmal. „Schert euch raus! Heiliger Antonius und Sankt Nikolaus, steht mir bei!"

„Aber ich bin doch selbst Sankt Nikolaus", sagte der Heilige.

„So siehst du aus! Du hast nicht mal einen roten Heller aufzuweisen!"

„Ach, das Geld, das alle Bruderliebe vergiftet!" seufzte Sankt Nikolaus.

„Das Geld, das die edle Poesie verpfuscht!" seufzte der Dichter Keersmaeckers.

„Und die armen Leute arm macht", schoß es der kleinen Cäcilie durch den Kopf.

„Und ein Schornsteinfegerherz doch nicht weiß klopfen machen kann", lachte Knecht Ruprecht. Und sie gingen hinaus.

In der Mondnacht, die still war von Frostesklarheit und Schnee, tönte das „Schlafet ruhig" hart und hell vom Turm.

„Noch einer, der nicht schläft", rief Sankt Nikolaus erfreut, und sogleich steckte Knecht Ruprecht auch schon den Fuß zwischen die Tür, die Trinchen wütend zuschlagen wollte.

„Haltet ihr mir die Frau wach", sagte der schwarze Knecht, „ich komme sofort zurück!" Und damit stieß er die Tür wieder auf, und zwar so heftig, daß Trinchen sich plötzlich in einem Korb voll Zwiebeln wiederfand.

Und während die andern aufs neue hineingingen, sprang Knecht Ruprecht auf das Eselchen, sauste wie ein Sensenstrich durch die Straßen, hielt vor dem Turm, kletterte an Zinnen, Vorsprüngen und Zieraten, Schiefern und Heiligenbildern den Turm hinauf bis zu Dries Andijvel, der gerade „Es wollt ein Jäger früh aufstehn" auf seiner Geige kratzte.

Der Mann ließ Geige und Lied fallen, aber Knecht Ruprecht erzählte ihm alles.

„Erst sehen und dann glauben!" sagte Dries. Knecht Ruprecht kriegte ihn am Ende doch mit hinunter, und zu zweit rasten sie auf dem Eselchen durch die Straßen nach dem „Verzuckerten Nasenflügel".

Sankt Nikolaus fiel vor dem Nachtwächter auf die Knie und flehte ihn an, doch die fünfundzwanzig Franken zu bezahlen, dann solle ihm auch alles Glück der Welt werden.

Der Mann war gerührt und sagte zu dem ungläubigen, hartherzigen Trinchen: „Ich weiß nicht, ob er lügt, aber so sieht Sankt Nikolaus doch aus in den Bilderbüchern von unsern Kindern und im Kirchenfenster über dem Taufstein. Und wenn er's nun wirklich ist! Gib ihm doch das Schiff! Morgen werde ich dir's bezahlen ...!"

Trinchen hatte großes Vertrauen zu dem Nachtwächter, der aus ihrer Nachbarschaft war. Und Sankt Nikolaus bekam das Schiff.

„Jetzt geh nur schnell nach Hause und leg dich schlafen", sagte Sankt Nikolaus zu Cäcilie. „Wir bringen gleich das Schiff."

Das Kind ging nach Hause, aber es schlief nicht, es saß am Kamin mit dem Kissen auf den Ärmchen und wartete auf das Niedersinken des Schiffes.

Der Mond sah gerade in das armselig-traurige Kämmerchen.

Ach, was sah Cäcilie da auf einmal!

Dort auf einem glitzernden Mondstrahl kletterte das Eselchen in die Höhe mit Sankt Nikolaus auf seinem Rücken, und Knecht Ruprecht hielt sich am Schwanz fest und ließ sich mitschleifen. Der Mond öffnete sich; ein sanftes, großes Licht fiel in funkelnden Regenbogenfarben über die beschneite Welt. Sankt Nikolaus grüßte die Erde, trat hinein, und wieder war da das gewöhnliche grüne Mondenlicht.

Die kleine Cäcilie wollte weinen. Knecht Ruprecht oder der gute Heilige hatten das Schiff nicht gebracht, es lag nicht auf dem Kissen.

Aber siehe! Was für ein Glück, das Schiff, die „Kongo", stand ja da, in der kalten Asche, ohne Delle, ohne Bruch, strahlend von Silber, und rauchte für mindestens zwei Groschen weiße Watte aus beiden Schornsteinen! Wie war das möglich! Wie konnte das so in aller Stille geschehen ...?

Ja, das weiß nun niemand, das ist die Findigkeit und die große Geschicklichkeit vom Knecht Ruprecht, und die gibt er niemand preis.

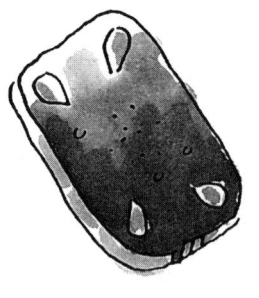

Josef Lada
Die Tiere an der Krippe

Tief im Wald lebte vorzeiten ein alter Einsiedler mit seinem Hund Lumpi. Dieser Einsiedler konnte weissagen, und oft sagte er wichtige Dinge voraus. Alle diese Weissagungen schrieb er in ein dickes Buch, und später sah er dort nach, ob er richtig prophezeit hatte.

Eines Tages holte der Einsiedler das Buch wieder einmal vom Wandbrett, setzte eine sehr bedeutsame Miene auf und weissagte: „In der Nacht vom vierundzwanzigsten auf den fünfundzwanzigsten Dezember dieses Jahres wird um Mitternacht in der Stadt Bethlehem das Jesuskind geboren werden, der Heiland der Welt. Es wird in einem armseligen Stall zur Welt kommen, auf blankem Stroh wird es liegen, nur ein Ochs und ein Eselein werden es mit ihrem Atem wärmen ..."

Da spitzte der Hund Lumpi die Ohren und lauschte, aber mehr erfuhr er nicht. Danach überlegte er den ganzen Tag, warum von allen Tieren nur Ochs und Esel die Ehre haben sollten, das Jesulein anzuhauchen. Hätte man den heiligen Dienst nicht so einteilen können, daß sich alle Tiere darin abwechselten? Aber was einmal geweissagt war, ließ sich wohl nicht mehr ändern.

Nun beschloß Lumpi, alle anderen Tiere zu benachrichtigen, damit jedes ein Geschenk für das Jesulein vorbereite. Er lief in den Wald zu der schwatzhaften Elster. Ihr erzählte er, was er von seinem Herrn, dem Einsiedler, vernommen hatte. Die Elster riß staunend den Schnabel auf. Dann flog sie davon, um die große Neuigkeit im ganzen Wald zu verkünden.

Nun überlegten die Tiere fleißig, welche Gaben sie für das Jesulein zurüsten sollten.

Manche hatten sogleich ein schönes Geschenk bereit, andere zerbrachen sich lange vergeblich den Kopf, bis ihnen etwas Passendes einfiel.

Die Gans zupfte sich jeden Tag ein paar Flaumfedern aus und verwahrte sie in einem alten Mehlsack. Davon sollte das Jesulein ein Federbett bekommen.

Die Geiß holte sich bei ihr Rat, was sie schenken solle. „Ich habe doch gar nichts, was ich schenken könnte", klagte sie. Beide überlegten hin und her, bis ihnen ein feiner Gedanke kam.

Von dieser Zeit an mußte sich die alte Bäuerin, der die Geiß gehörte, schrecklich mit ihr ärgern, denn sie wollte sich plötzlich nicht mehr melken lassen: Sie sparte ihre Milch als Geschenk für das Christkind auf.

Der Iltis wollte dem Jesulein eigenhändig eine weiche Pelzdecke überreichen. Aber er befürchtete, wegen seines Gestanks werde man ihm den Zutritt zur Krippe verwehren. Deshalb scheuerte er sich täglich am Bach und rieb sich mit wohlriechenden Kräutern ein, daß er bald duftete wie ein ganzer Gewürzladen.

Der Dachs, dieser alte Eigenbrötler, war ganz betrübt.

„O weh!" jammerte er. „Warum muß das Jesulein ausgerechnet im Winter zur Welt kommen, wenn ich im tiefsten Winterschlaf liege? Nun werde ich das schöne Fest verschlafen!" Und er klagte sein Leid dem Gevatter Fuchs. Meister Reineke schaffte Rat. Er selbst holte aus dem Jägerhaus eine Weckeruhr und lehrte den Dachs, wie man sie stellte und aufzog.

So ließ sich nun der alte Griesgram Nacht für Nacht aus dem Winterschlaf wecken und sah nach, ob das Bündel Süßholz, das er für das Jesulein vorbereitet hatte, noch an seinem Platz lag. Dann schlief er zufrieden weiter, bis ihn am nächsten Tag das Weckerrasseln von neuem aufschreckte. Aber als er sich wieder einmal die Augen rieb, setzte er sich verwundert auf, weil seine Höhle von goldenem Glanz erfüllt war. Nun blickte er zum Fenster hinaus, und das Herz im Leib stockte ihm.

Draußen am Himmel strahlte ein gewaltiger Stern. Dies war für die Tiere das Zeichen, daß es nun Zeit sei, sich aufzumachen. Der Bär und der Iltis, der wilde Eber und das übrige Waldgetier stiegen von den Berglehnen und den bewaldeten Gipfeln ins Tag hernieder. Einträchtig zogen sie mit den Haustieren auf der Landstraße nach Bethlehem.

Auf einem ruhigen Steiglein hastete die Schnecke dahin. Unterwegs holte sie der Frosch ein.

„Ich eile zum Jesulein und will ihm mein Häuschen anbieten", prahlte sie, „denn ich habe gehört, daß es in einem armseligen Stall zur Welt gekommen ist."

So kamen die Tiere aller Arten herbeigeströmt. Sie drängten sich um den Stall, jedes trug sein Geschenk und wartete geduldig, bis es eintreten durfte. Am Eingang des Stalles sorgte der Polizeihund für Ordnung. Er prüfte die Gaben und ließ ein Tier nach dem anderen zur Krippe hinein. Den mächtigen Elefanten, der größer war als der ganze Stall, bat er höflich, sich vor dem Stall auf die Vorderpfoten zu knien; auch so könne er das Jesulein aus der Nähe betrachten. Hinter dem Stall lag der Löwe auf der Lauer; er strich sich den Schnurrbart glatt und knurrte: „Ich lauere hier auf den König Herodes, der das Kind in der Krippe umbringen lassen will!"

Immer neue Tiere kamen zum Stall von Bethlehem. Amseln, Drosseln und Nachtigallen flogen herbei und sangen dem Jesulein Wiegenlieder.

Auch die Schlange glitt heran und schenkte dem Christkind ihre alte Haut; die war zu einem Röllchen zusammengewickelt, aber wenn man sie aufpustete, konnte man meinen, es werde wieder eine richtige Schlange daraus.

Der Schlange folgte das Eichhörnchen mit einem Sack voll Haselnüsse auf dem Rücken; die waren von der allerbesten Sorte, denn es hatte sie eigenhändig ausgewählt.

Der Bär brachte auf einem Stück Birkenrinde eine Honigwabe. Er war völlig verschwollen, so sehr hatten ihn die Bienen zerstochen; aber er lachte fröhlich von einem Ohr zum andern, als er sah, wie sehr sich das Jesulein über seine Gabe freute.

Die Affen hüpften vor der Krippe umher, sie schnitten Grimassen, vollführten allerhand Kunststücke und schossen Purzelbäume, daß es ein allgemeines Gelächter gab. Auch das Jesukind lachte von Herzen mit.

Als aber die Zeit gekommen war, da die Hirten zur Krippe kommen sollten, ließ der Polizeihund nur noch die Gans mit ihren Bettfedern zum Jesulein vor. Dann forderte er die Tiere auf, in aller Ordnung nach Hause zu wandern. Da gehorchten sie und gingen auseinander.

Janosch

Wie Lari Fari Hosenknöpfe beißen mußte und aus einer Notlage befreit wurde

„Erzähl uns doch mal eine schöne Geschichte von Weihnachten!" sagt der Fiedelbär. „Weil ich Weihnachten doch so gerne hab'. Einmal nämlich war ich zu Weihnachten eingeladen und habe mein allererstes Konzert auf der Geige gespielt. Aber so schön, sag' ich dir, daß alle weinen mußten. Deswegen heißt Weihnachten auch Weinachten, weil das von Weinen kommt, glaub' ich."

„Aber wenn du lügst", knurrt der ehrliche Löwe Hans, „dann wird der Fiedelbär auch bald weinen müssen. Denn dann werde ich dich fressen. Aber ehrlich."

„O ja", sagt der kaputte Hund mit den drei Beinen und ohne Schwanz, „ich möchte auch gerne weinen. Soll der Löwe ihn fressen."

„Ich lüge nicht", fängt der Nußknacker Lari Fari Mogelzahn an, „weil ich nämlich nie nicht lüge. Aber eine schöne Geschichte von Weihnachten weiß ich! Ich war damals bei einem reichen Mann in einer Villa als Nußknacker angestellt. Der Mann und seine dicke Frau hatten zwei Kinder, und es war genau am 24. Dezember. Nun ist es so, daß reiche Leute alles elektrisch machen: Bohnern, Stopfen, Nähen, Häkeln, Kuchenbacken, Fensterputzen und auch das Nüsseknacken. Das war für mich nicht schön, denn wozu bin ich denn da?

Es war also Weihnachten, die Geschenke lagen überall herum: Eisenbahnen, Feuerwehren, elektrische Sprechpuppen und Automaten mit und ohne Musik, Maschinenroboter, Dampfer mit Fernsteuerung, alles aus Plastik und Blech, nichts aus Holz. Dann Schokolade, Bonbonnieren und zehn Kilo Nüsse aus Gold, Silber und mit einfacher Nußschale.

Der Vater war satt, die Mutter war satt, und die Kinder hatten sich den Magen verdorben. Der Hund wollte keine Bratwurst essen, die elektrische Puppe schnatterte, und ich ärgerte mich über alles. Mir ging es ganz schlecht an diesem Abend, denn der Bengel steckte mir Bleikugeln, Hosenknöpfe und Kieselsteine aus dem Aquarium zwischen die Zähne, und dann ließ er mich in die Stuhllehne beißen. Dabei lagen über tausend Nüsse herum, keiner aß sie. Ich war froh, als sie alle schlafen gingen. Und dann, Kameraden, konnte ich schön allein feiern. Ich schleppte über hundertneunzig Nüsse zum Fensterbrett und legte sie dort alle in einer Reihe hin. Dann machte ich mit meinen starken Zähnen das Fenster auf, draußen war es kalt und dunkel, kein Mensch war auf der Straße zu sehen. Dann biß ich die Nüsse auf, eine nach der anderen. Als es hell wurde, kamen die Vögel geflogen, und ich fütterte sie. Holte neue Nüsse, knackte sie, legte sie hin – das ist ein schönes Gefühl: Vögel füttern!

Um elf standen die Leute auf, und als die merkten, was ich getan hatte, warfen sie mich raus. Auf die Straße! Dort fand mich der Sohn vom Eisenbahnsignalvorsteher Gleisennagel. Er nahm mich mit nach Haus. Ich durfte am warmen Ofen sitzen, und sie schenkten mir eine ganze Schüssel Bucheckern und Haselnüsse. Den ganzen Tag habe ich geknackt und geknackt. Abends haben sie mich in ein Taschentuch eingepackt, damit ich nicht friere. Sie waren sechs Geschwister, sie sagten immer: ,Ein schöner Nußknacker ist das und quietscht auch nicht.'"

„Die Geschichte ist nicht schlecht", sagt der kaputte Hund mit den drei Beinen und ohne Schwanz. „Aber sie ist noch nicht zum Weinen."

„Das stimmt", sagt der Fiedelbär mit der Geige. „Ich erinnere mich genau. Ich wohnte damals auch schon beim Eisenbahnsignalvorsteher Gleisennagel, und dann kam der Josef und brachte ihn mit. Das ist nicht gelogen."

„Wenn das nicht gelogen ist", brummt der ehrliche Löwe Hans, „dann ist das wahr. Und wenn ich ihn nicht bald beim Lügen erwische, muß ich hier jämmerlich verhungern, aber ehrlich."

Margret Rettich

Die Geschichte vom Weihnachtsbraten

Einmal fand ein Mann am Strand eine Gans.

Tags zuvor hatte der Novembersturm getobt. Sicher war sie zu weit hinausgeschwommen, dann abgetrieben und von den Wellen wieder an Land geworfen worden. In der Nähe hatte niemand Gänse. Es war eine richtige weiße Hausgans.

Der Mann steckte sie unter seine Jacke und brachte sie seiner Frau: „Hier ist unser Weihnachtsbraten."

Beide hatten noch niemals ein Tier gehabt, darum hatten sie auch keinen Stall. Der Mann baute aus Pfosten, Brettern und Dachpappe einen Verschlag an der Hauswand. Die Frau legte Säcke hinein und darüber einen alten Pullover. In die Ecke stellte sie einen Topf mit Wasser.

„Weißt du, was Gänse fressen?" fragte sie.

„Keine Ahnung", sagte der Mann.

Sie probierten es mit Kartoffeln und mit Brot, aber die Gans rührte nichts an. Sie mochte auch keinen Reis und nicht den Rest vom Sonntagsnapfkuchen.

„Sie hat Heimweh nach anderen Gänsen", sagte die Frau.

Die Gans wehrte sich nicht, als sie in die Küche getragen wurde. Sie saß still unter dem Tisch. Der Mann und die Frau hockten vor ihr, um sie aufzumuntern.

„Wir sind eben keine Gänse", sagte der Mann. Er setzte sich auf seinen Stuhl und suchte im Radio nach Blasmusik.

Die Frau saß neben ihm am Tisch und klapperte mit den Stricknadeln. Es war sehr gemütlich. Plötzlich fraß die Gans Haferflocken und ein wenig vom Napfkuchen.

„Er lebt sich ein, der liebe Weihnachtsbraten", sagte der Mann.

Bereits am anderen Morgen watschelte die Gans überall herum. Sie steckte den Hals durch offene Türen, knabberte an der Gardine und machte einen Klecks auf den Fußabstreifer.

Es war ein einfaches Haus, in dem der Mann und die Frau wohnten. Es gab keine Wasserleitung, sondern nur eine Pumpe. Als der Mann einen Eimer voll Wasser pumpte, wie er es jeden Morgen tat, ehe er zur Arbeit ging, kam die Gans, kletterte in den Eimer und badete. Das Wasser schwappte über, und der Mann mußte noch einmal pumpen.

Im Garten stand ein kleines Holzhäuschen, das war die Toilette. Als die Frau dorthin ging, lief die Gans hinterher und drängte sich mit hinein. Später ging sie mit der Frau zusammen zum Bäcker und in den Milchladen.

Als der Mann am Nachmittag auf seinem Rad von der Arbeit kam, standen die Frau und die Gans an der Gartenpforte.

„Jetzt mag sie auch Kartoffeln", erzählte die Frau.

„Brav", sagte der Mann und streichelte der Gans über den Kopf, „dann wird sie bis Weihnachten rund und fett."

Der Verschlag wurde nie benutzt, denn die Gans blieb jede Nacht in der warmem Küche. Sie fraß und fraß. Manchmal setzte die Frau sie auf die Waage, und jedesmal war sie schwerer. Wenn der Mann und die Frau am Abend mit der Gans zusammen saßen, malten sich beide die herrlichsten Weihnachtsessen aus.

„Gänsebraten und Rotkohl, das paßt gut", meinte die Frau und kraulte die Gans auf ihrem Schoß.

Der Mann hätte zwar statt Rotkohl lieber Sauerkraut gehabt, aber die Hauptsache waren für ihn die Klöße.

„Sie müssen so groß sein wie mein Kopf und alle genau gleich", sagte er. „Und aus rohen Kartoffeln", ergänzte die Frau.

„Nein, aus gekochten", behauptete der Mann. Dann einigten sie sich auf Klöße halb aus rohen und halb aus gekochten Kartoffeln. Wenn sie ins Bett gingen, lag die Gans am Fußende und wärmte sie. Mit einem Mal war Weihnachten da.

Die Frau schmückte einen kleinen Baum.

Der Mann radelte zum Kaufmann und holte alles, was sie für den großen Festschmaus brauchten. Außerdem brachte er ein Kilo extrafeine Haferflocken.

„Wenn es auch ihre letzten sind", seufzte er, „soll sie doch wissen, daß Weihnachten ist."

„Was ich sagen wollte", meinte die Frau, „wie, denkst du, sollten wir ... ich meine ... wir müßten doch nun ..." Aber weiter kam sie nicht. Der Mann sagte eine Weile nichts. Und dann: „Ich kann es nicht."

„Ich auch nicht", sagte die Frau. „Ja, wenn es eine x-beliebige wäre. Aber nicht diese hier. Nein, ich kann es auf gar keinen Fall."

Der Mann packte die Gans und klemmte sie in den Gepäckträger. Dann fuhr er auf dem Rad zum Nachbarn. Die Frau kochte inzwischen den Rotkohl und machte die Klöße, einen genauso groß wie den anderen.

Der Nachbar wohnte zwar ziemlich weit weg, aber doch nicht so weit, daß es eine Tagesreise hätte werden müssen. Trotzdem kam der Mann erst am Abend wieder. Die Gans saß friedlich hinter ihm. „Ich habe den Nachbarn nicht angetroffen, da sind wir etwas herumgeradelt", sagte er verlegen.

„Macht gar nichts", rief die Frau munter, „als du fort warst, habe ich mir überlegt, daß es den feinen Geschmack des Rotkohls und der Klöße nur stört, wenn man noch etwas anderes dazu auftischt."

Die Frau hatte recht, und sie hatten ein gutes Essen. Die Gans verspeiste zu ihren Füßen die extrafeinen Haferflocken. Später saßen sie alle drei nebeneinander auf dem Sofa in der guten Stube und sahen in das Kerzenlicht.

Übrigens kochte die Frau im nächsten Jahr zu den Klößen zur Abwechslung Sauerkraut. Im Jahr darauf gab es zum Sauerkraut breite Bandnudeln. Das sind so gute Sachen, daß man nichts anderes dazu essen sollte.

Inzwischen ist die Zeit vergangen.

Gänse werden sehr alt.

Roswitha Fröhlich

Wie Joschi zu seinem Meerschweinchen kam

Seit er sechs Jahre alt war, wünschte sich Joschi ein Meerschweinchen. Aber jedesmal, wenn er davon anfing, sagte seine Mutter: „Meerschweinchen stinken" oder „Meerschweinchen gehören in den Kleintierzoo" oder „Was soll das arme Tier in unserer Vierzimmerwohnung?" und lauter solche Sachen. In diesem Jahr hatte Joschi sich geschworen, daß sein Wunsch endlich in Erfüllung gehen müsse.

„Wetten, daß ich zu Weihnachten ein Meerschweinchen kriege?" sagte er zu seinem Freund Karli. „Du wirst schon sehen ..." Und dann schmiedete er einen Plan.

Endlich war es soweit. „Nur noch 24 Tage bis Weihnachten", sagte seine Mutter. „Höchste Zeit, daß du deinen Wunschzettel aufs Fensterbrett legst, damit der Weihnachtsmann ihn abholen kann."

Joschi nickte höflich, machte ein möglichst harmloses Gesicht und begann mit der Arbeit. *Lieber Weihnachtsmann*, schrieb er, *ich wünsche mir dringend ein Nilpferd*. Ordentlich legte er den Zettel draußen vors Fenster und wartete gespannt, wie es weitergehen würde.

Schon am nächsten Morgen konnte er feststellen, daß sein Plan sich bewährte. Als er nämlich in aller Frühe das Fenster öffnete, um zu sehen, ob der Zettel abgeholt worden war, entdeckte er etwas höchst Merkwürdiges: DU SPINNST WOHL! hatte jemand in leuchtend roten Buchstaben auf einen Briefbogen geschrieben, der groß und deutlich die Unterschrift DER WEIHNACHTSMANN trug.

Gut so! dachte Joschi. Dann nahm er den Brief an sich und schrieb einen neuen Zettel. *Und wie wär's mit einem Krokodil?* Es könnte in der Badewanne schwimmen. Auch diesmal klappte es vorzüglich. Ein neuer Weihnachtsmannbrief leuchtete ihm am Morgen entgegen.

KROKODILE LEIDER NICHT LIEFERBAR stand darauf, diesmal in grünen Buchstaben.

Noch besser, dachte Joschi, nahm den Brief an sich und schrieb den nächsten Zettel. *Ein Känguruh-Pärchen* lautete sein Wunsch. BEUTELTIERE FÜHREN WIR NICHT hieß diesmal die Antwort.

Von nun an war alles ganz einfach. Joschi brauchte sich nur noch ein paar ungewöhnliche Tiere einfallen zu lassen, und schon lief alles wie am Schnürchen.

Drei Hängebauchschweine schrieb er am nächsten Tag. BLÖDSINN hieß die Antwort. Und in diesem Stil ging es weiter. Zwölf volle Tage war er damit beschäftigt, neue Zettel zu schreiben und die Weihnachtsmann-Antwortbriefe einzusammeln. So lange dauerte es nämlich noch bis um Heiligen Abend.

Die Reihenfolge, die Joschi sich errechnet hatte, war so:

12. Dezember: *Ein Schimpanse.*

Antwort: UND WER KAUFT DIE BANANEN?

13. Dezember: *Ein Berber-Löwe.*

Antwort: SCHON MAL WAS VON MENSCHENFRESSENDEN RAUBTIEREN GEHÖRT?

14. Dezember: *Dann eine Tüpfelhyäne.*

Antwort: UND WO SOLL SIE SCHLAFEN?

15. Dezember: *Ein Merinoschaf.*

Antwort: SELBER SCHAF!

16. Dezember: *Ein junger Pottwal.*

Antwort: WOHL GRÖSSENWAHNSINNIG GEWORDEN?

17. Dezember: *Eine Pythonschlange.*

Antwort: KRIECHER UNERWÜNSCHT.

18. Dezember: *Eine Hausziege.*

Antwort: ZIEGENMILCH SCHMECKT ABSCHEULICH!

19. Dezember: *Erbitte dringend wenigstens ein Bergzebra.*

Antwort: WO SIND DENN HIER BERGE?

20. Dezember: *Aber ein Dromedar würde sich bei uns bestimmt wohl fühlen.*

Antwort: WARUM NICHT GLEICH EIN KAMEL?

21. Dezember: *Einverstanden, habe mich außerdem für eine Giraffe entschieden.*

Am nächsten Tag endlich geschah das, was Joschi schon lange erwartet hatte. Auf dem Fensterbrett lag nämlich nicht nur die übliche kurze Antwort in roten oder grünen Großbuchstaben, sondern ein regelrechter Brief, hastig mit einem gewöhnlichen Tintenkuli geschrieben und fast eine halbe Seite lang.

Lieber Joschi, stand dort, *wie Du auf dem Kalender siehst, ist übermorgen Weihnachten. Da Du es bisher nicht geschafft hast, mir einen einzigen vernünftigen Wunsch aufzuschreiben, und da alle Tiere, die Du mir genannt hast, nicht in eine Wohnung passen, ersuche ich Dich hiermit, umgehend bescheidener zu werden und Dich auf eine kleinere Tiergattung zu beschränken. Herzlichen Gruß. Der Weihnachtsmann.*

Joschi wußte sofort, was er zu tun hatte. Hundertmal hatte er das Wort, das er jetzt niederschrieb, in Gedanken geübt. Er nahm den saubersten Zettel, den er finden konnte, und verfaßte den ordentlichsten Wunschzettel seit 22 Tagen:

Lieber Weihnachtsmann, schrieb er, *entschuldige bitte, daß ich so unbescheiden war. Ich sehe ein, daß ich zuviel von Dir verlangt habe, und schwöre, mich zu bessern. Darum wünsche ich mir nur noch ein winziges Meerschweinchen. Am liebsten so eins wie das von Karli. Also weiß mit kleinen schwarzen Tupfern. Karli sagt, daß ein Meerschweinchen überhaupt keine Arbeit macht. Außerdem finde ich es so niedlich. Vielen Dank im voraus! Dein Joschi, Mühltalerstraße 7.*

Am nächsten Tag schlich Joschi noch früher als sonst zum Fenster, weil er es vor Spannung nicht mehr erwarten konnte. Ob der Weihnachtsmann ihm auch darauf antworten würde? Diesmal aber war das Fensterbrett leer. Nur ein paar Schneeflocken konnte er entdecken, denn draußen hatte es angefangen zu schneien.

„Nun?" fragten seine Eltern, als er zum Frühstück kam. „Freust du dich schon auf morgen?"

„Und wie!" antwortete Joschi. Mehr brachte er nicht heraus vor Aufregung.

Dann endlich war er da, der große Tag. *24. Dezember* stand auf dem Kalender über Joschis Bett. Joschi sah das Kalenderblatt eine Weile ganz genau an und dachte an sein Meerschweinchen. Ob der Weihnachtsmann endlich begriffen hatte?

Stunde um Stunde rückte der Augenblick näher, in dem sich alles entscheiden würde. Und dann war es soweit. Die Tür zum Weihnachtszimmer wurde geöffnet, und Joschi sah etwas, was schöner war als alle Christbaumkugeln und Weihnachtskerzen und Zimtsterne und Silbernüsse zusammen – nämlich ein winziges, schwarz getupftes Meerschweinchen in einer Kiste unter dem Tannenbaum, das neugierig den Tannenduft schnupperte und fast so aussah wie das Meerschweinchen vom Karli.

„Hoffentlich stinkt es nicht", sagte die Mutter.

„Immer noch besser als Dromedare und Giraffen", sagte der Vater. Aber Joschi hörte nicht, was sie sagten. Er war viel zu sehr damit beschäftigt, sein Meerschweinchen auf den Arm zu nehmen und eine Dankesrede an den Weihnachtsmann zu verfassen – in Gedanken natürlich. Daß auch ein kleiner Trick dabeigewesen war, wußte der Weihnachtsmann ja sowieso. Denn ein Weihnachtsmann weiß alles. Oder etwa nicht? „Ich nenne es *Trick*", sagte Joschi, während das Meerschweinchen leise quiekte. Fast klang es, als ob es kicherte.

Jackie Niebisch
Die kleenen Weihnachtspunker
(Auszug)

Nicht selten haben Eltern und Verwandte vor das Auspacken der
Geschenke ein Weihnachtsgedicht gesetzt.
Tante Hilde: „Sei ein braver Junge, Berti, und laß die Herren
Weihnachtsmänner hören, was du gelernt hast.
Danach bekommst du den schönen Fotoapparat, den du dir immer
gewünscht hast."
Aber Berti hatte gar nicht große Lust.
Mit etwas unweihnachtlichem Bringen-wir's-hinter-uns startete er:

> „Draußen vom Walde komm ich her,
> ich muß euch sagen, es weihnachtet sehr.
> Allüberall auf den Tannenspitzen
> sah ich goldene Lichtlein blinken ...
> krieg ich jetzt das Geschenk?"

Tante Hilde erhob Einspruch. „Es muß anders heißen ... wiederhol
noch mal."

> „Allüberall auf den Tannenspitzen
> sah ich goldene Lichtlein blinken!"

„Berti, es muß sich reimen. Was reimt sich auf ‚Tannenspitzen'?"

> „Lichtlein blinken ..."

Hm, vielleicht hatte der Junge in der Aufregung den Text vergessen. Um ihm das richtige Wort zu entlocken, packte sie den Fotoap-

parat aus und zeigt auf ein bestimmtes Teil. „Wie nennt man dieses hier?"

„Blinklicht!"

Tante Hilde wurde sauer. Mit Nachdruck wies sie auf die vielen Geschenke hin, die sie, pardon, der Weihnachtsmann, extra für ihn mitgebracht hatte, und sagte, daß sie keinerlei Verständnis dafür aufbringen könnte, wenn sich jemand weigerte, den gesuchten Reim auszusprechen. „Was die Gören das ganze Jahr über machen, ist mir egal! Aber wenigstens Heiligabend könn' sie sich Mühe geben! Was solln die Weihnachtsmänner denken?"

„Wenn ick ehrlich bin", sagte Amadeus, „mir reicht ooch ‚blinken'!"

Die andern waren der gleichen Meinung: „Wir lehm in' freiet Land, kann jeder uffsagen watta will."

Die Tante fühlte sich verraten und bestand jetzt erst recht auf unbedingter Werktreue.

„Ohne Reim kein Geschenk!"

Ein Familienstreit drohte, die eine Hälfte war für freies Reimschema, die andere unterstützte die Originalversion, und je länger die Auseinandersetzung dauerte, desto festgefahrener wurde die Lage. Die Tante packte den Fotoapparat wieder ein und wollte gerade nach Hause gehen, als es Amadeus doch noch gelang, den weihnachtlichen Frieden zu retten.

„Ick schlag 'n Kompromiß vor:

> ... allüberall uff 'n Tannenzinken
> sah ick joldene Lichtleins blinken ..."

Eine Auswahl aus dem Verlagsprogramm

RAT UND WISSEN

Bewerbung

Bewerbungsstrategien
1027-3, von Dr. W. Reichel,
128 S., kart.
DM 14,90

Initiativbewerbungen
2107-0, von Dr. W. Reichel,
128 S., kart.
DM 16,90

Legale Bewerbungstricks
60325-2, von V. S. Rottmann,
96 S., kart.
DM 12,90

Lebenslauf und Bewerbung
60007-5, von H. Friedrich,
112 S., kart.
DM 12,90

Bewerbung um einen Ausbildungsplatz
1936-X, von P.-J. Schneider,
M. Zindel, 112 S., kart.
DM 16,90

Bewerbungserfolg trotz schwacher Zeugnisse
60157-8, von A. Schieberle,
136 S., kart.
DM 14,90

Testtrainer Einstellungstests
4999-4, von Dr. W. Reichel,
136 S., geb.
DM 15,–
(limitierter Sonderpreis)

Vorstellungsgespräche
60012-1, von H. Friedrich,
144 S., kart.
DM 11,90

Arbeitszeugnisse
1444-9, von A. Nasemann,
136 S., kart.
DM 16,90

Rechtsratgeber für Arbeitnehmer
60258-2, von U. Teschke-Bährle, 160 S., kart.
DM 16,90

Beruf/Karriere

Selbstständigkeit und freie Mitarbeit
1891-6, von T. Hammer,
Dr. W. Kiefl, 144 S., kart.
DM 19,90

Erfolgreiche Existenzgründung
60285-X, von N. Rentrop,
192 S., kart.
DM 19,90

FALKEN Reihe: FALKEN & PITMAN MANAGEMENT
Ausstattung: zwischen 184 S. und 248 S., Broschur
Preis: DM 39,90
4972-2 Die ersten 100 Tage als Chef
4973-0 Erfolgreiches Zeitmanagement
4976-5 Richtig delegieren
4971-4 Erfolgreiche Verhandlungstaktiken
4975-7 Die perfekte Präsentation

4974-9 Meetings erfolgreich steuern
7331-3 Marketing – eine Einführung
7329-1 Erfolgreich im Management
7330-5 Basiswissen für Führungskräfte
7328-3 Mitarbeitermotivation durch Empowerment
7362-3 Das souveräne Verhandlungsgespräch
7361-5 Erfolgsgeheimnis Teambildung

Lernhilfen/Schule

Erfolgreich im Beruf mit NLP
60288-4, von K. Grochowiak,
S. Haag, 104 S., kart.
DM 12,90

Handbuch Mathematik
4964-1, von W. Scholl,
R. Drews, 848 S., geb.
DM 69,90

Englische Grammatik
7341-0, von E. Henrichs-Kleinen, 288 S., geb.
DM 39,90

Gedächtnistraining mit Eselsbrücken
60060-1, von W. Ettig,
96 S., kart.
DM 12,90

Buchführung leicht gefaßt
60091-1, von H. R. Pohl,
104 S., kart.
DM 12,90

Schreiben lernen mit Schreibmaschine und PC
60055-5, von O. Fonfara,
112 S., kart.
DM 9,90

Kostenrechnung leicht gemacht
4826-2, von D. Machenheimer, 240 S., geb.
DM 39,90

FALKEN Reihe: Schülerhilfe
Ausstattung: zwischen 64 S. und 172 S., kartoniert
Preis: zwischen **DM 14,90** und **DM 29,90**
1834-7 Die neue deutsche Rechtschreibung
1890-9 Deutsche Grammatik
1783-9 Aufsatz
1623-9 Bruchrechnen
1569-0 Geometrie

1709-X Prozent- und Zinsrechnung
1570-4 Gleichungen und Ungleichungen

1888-6 Wurzeln und Potenzen
1624-7 English Pronouns
1574-7 English Tenses
1784-7 If-Clauses & Co.

Recht/Wirtschaft/Steuern

Was kostet mein Recht?
60234-5, von J. Mosler,
104 S., kart.
DM 12,90

Recht für Mieter
1932-7, von M. Gaida,
304 S., kart.
DM 29,90

Der FALKEN Bauherren-Ratgeber
4888-2, von W. Jung,
B. W. Klöckner, 352 S., kart.
DM 39,90

Ihr Recht als Vermieter
60243-4, von R. Richter,
P. J. Schneider, A. Pollert,
208 S., kart.
DM 16,90

Eheverträge
60037-7, von T. Münster,
226 S., kart.
DM 19,90

Erziehungsgeld, Mutterschutz, Erziehungsurlaub
60014-8, von J. Grönert,
192 S., kart.
DM 19,90

Scheidung und Unterhalt
60015-6, von T. Drewes,
220 S., kart.
DM 19,90

Gesetzliche und private Altersvorsorge
1847-9, von D. Rehahn,
H. A. Reichel, W. Schöttler,
192 S., kart.
DM 24,90

Wie hoch wird meine Rente?
60209-9, von K. Möcks,
A. Schmitt, 160 S., kart.
DM 16,90

Erbschaftsteuer aktuell
60324-4, von W. Ludwig,
128 S., kart.
DM 14,90

Testament und Erbschaft
2111-9, von T. Drewes,
R. Hollender, 296 S.,
englische Broschur
DM 29,90

Vermögensbildung mit Immobilien
1712-X, von W. Schwanfelder, 144 S., kart.
DM 24,90

Erfolg mit Aktien
1663-8, von A.-S. Rühle,
128 S., kart.
DM 16,90

Keine Angst vor dem Finanzamt
60064-4, von H. Vogt,
132 S., kart.
DM 16,90

Korrespondenz und Rhetorik

Der neue Briefsteller
60002-6, von I. Wolter-Rosendorf, 130 S., kart.
DM 12,90

Briefe und Reden für den Trauerfall
1789-8, von U. Wetter,
112 S., kart.
DM 16,90

Modernes Redetraining
1575-5, von Prof. Dr. R. Brehler, 120 S., kart.
DM 19,90

Körpersprache
60096-2, von H. Rückle,
96 S., kart.
DM 12,90

Reden für Familienfeiern
60281-7, von G. Kurz,
112 S., kart.
DM 12,90

Lebensstil und Umgangsformen

Kreative Wohnideen
4889-0, von T. Eichhorn,
128 S., geb.
DM 39,90

Farbberatung für die Wohnung
4743-6, von G. Watermann,
128 S., geb.
DM 49,90

300 neue Frisuren
7359-3, von S. Ehlers,
128 S., geb.
DM 29,90

Krawatten
7319-4, von F. Chaille,
180 S., geb.,
mit Schutzumschlag
DM 89,90

Tücher und Schals perfekt binden
1898-3, von E. Weber-Lorkowski, 48 S., kart.
DM 14,90

Umgangsformen heute
4876-9, von H.-G. Schnitzer,
256 S., geb.
DM 29,90

Der gute Ton im Privatleben
60097-0, von R. Bartels,
104 S., kart.
DM 12,90

Feste feiern

Das große FALKEN-Buch zur Märchenhochzeit
7360-7, von A. Körner,
C. Ziegler, ca. 224 S., geb.
ersch. Juni 1998
ca. DM 49,90

Hochzeitsfeste mitgestalten
1790-1, von A. Wilke, B. Haß
104 S., kart.
DM 19,90

Tischdekorationen für die Hochzeit
1825-8, von H. Grob,
A. Henseler u.a., 64 S., kart.
DM 19,90

Blumenschmuck für das Brautpaar
4881-5, von H. Grob,
A. Henseler u.a., 80 S., geb.
DM 29,90

Neue Hochzeitsreden
60158-6, von S. Harland
112 S., kart.
DM 12,90

Feste feiern
4825-4, von C. Kast,
128 S., geb.
DM 39,90

Die neue Glückwunschfibel
60031-8, von R. Christian-Hildebrandt, 106 S., kart.
DM 9,90

Astrologie/Esoterik

Kinderhoroskop
60242-6, von W. Noé,
152 S., kart.
DM 14,90

ISBN-Bestandteil: 3-8068- / bei Buchnummern, die mit der Ziffer 6 beginnen, lautet der ISBN-Bestandteil: 3-635-

Liebes-Horoskop
60297-3, von W. Noé,
128 S., kart.
DM 12,90

Chinesisches Horoskop
60006-7, von G. Haddenbach, 86 S., kart.
DM 9,90

Das Indianische Horoskop
60294-9, von W. Noé,
128 S., kart.
DM 14,90

Wahrsagetechniken
60373-2, von G. Haddenbach, 144 S., kart.
DM 14,90

I Ging
60253-1, von R. Sorrell,
A. M. Sorrell,
224 S., kart.
DM 19,90

Reiki
60247-7, von B. Glaser,
U. Vogt, 128 S., kart.
DM 14,90

Traumdeutung
60045-8, von G. Haddenbach, 172 S., kart.
DM 12,90

UFOs über Deutschland
60319-8, von M. Hesemann,
208 S., kart.
DM 19,90

Geheimlehren
60236-1, von N. Drury,
G. Tillet, 144 S., kart.
DM 16,90

Schutzengel
60333-3, von T. Keller,
D. Taylor, 144 S., kart.
DM 16,90

Auto/Führerschein

Der neue Verwarn- und Bußgeldkatalog
60292-2, von F. Littek,
126 S., kart.
DM 12,90

**Der Test-Knacker
bei Führerscheinverlust**
2113-5, von T. Rieh,
128 S., kart.
DM 19,90

Prüfungsfragen und Prüfungsbogen für den Führerschein Kl. 3
1490-2, 104 S., kart.
DM 19,90

Trennkost

Trennkost für 1 Person
4851-3, von U. Summ,
112 S., geb.
DM 29,90

Trennkost leichtgemacht für Berufstätige
4890-4, von U. Summ,
128 S., geb.
DM 29,90

Das große Buch der Trennkost
4498-4, von U. Summ,
128 S., geb.
DM 29,90

**Das Beste aus Ursula
Summs Trennkost-Küche**
4985-4, von U. Summ,
160 S., geb.
DM 29,90

Trennkost aus ärztlicher Sicht
60259-0, von Dr. med.
T.-M. Heintze, 84 S., kart.
DM 12,90

Erfolgreich schlank durch die Trennkost-6-Wochen-Kur
1968-8, von U. Summ,
104 S., kart.
DM 19,90

Die aktuelle Trennkost-Tabelle
1871-1, von U. Summ,
80 S., Flexcover
DM 14,90

Länderküche

Provence
7365-8, von U. Skadow,
S. Dickhaut, 224 S., geb.,
mit Schutzumschlag
DM 49,90

Italienische Küche
4830-0, von M. Kaltenbach,
R. Simeone, 224 S., geb.,
mit Schutzumschlag
DM 49,90

Chinesische Küche
7304-6, von H. Fu-Lung,
224 S., geb.,
mit Schutzumschlag
DM 49,90

Thailand
4945-5, von B. Aepli,
128 S., geb.,
mit Schutzumschlag
DM 34,90

Indien
7370-4, von S. Dhawan,
128 S., geb.,
mit Schutzumschlag
DM 39,90

Englische Landhausküche
4981-1, von D. Watkins,
J. J. Watkins, 128 S., geb.,
mit Schutzumschlag
DM 39,90

Amerikanische Küche
7308-9, von C. Stevenson Jr.,
P. Niebergall, 128 S., geb.,
mit Schutzumschlag
DM 39,90

Kochen

Unsere Kochschule
4959-5, von M. Kaltenbach,
F. W. Ehlert, 306 S., geb.
DM 25,–
(limitierter Sonderpreis)

FALKEN Reihe:
Rezepte! Rezepte!! Rezepte!!!
Ausstattung: 96 S., kart.
Preis: **DM 16,90**
1937-8 Krabben, Garnelen
& Co.
1994-7 Chili, Peperoni
& Co.
1944-0 Pastinaken, Kürbis
& Co.

1941-6 Pizza, Quiche und
Tarte
1939-4 Feta, Mozzarella
& Co.
1940-8 American Cookies

FALKEN Reihe: ErlebnisKüche
Ausstattung: 128 S., geb.,
mit Schutzumschlag
Preis: **DM 34,90**
4944-7 Nudeln
4946-3 Raclette und
heißer Stein
7315-1 Fondues
4984-6 Aufläufe und Gratins
4982-X Salate

**Johann Lafer kocht –
Neue Rezepte**
7306-2, von Johann Lafer,
160 S., geb.
DM 39,90

Iß und trink und liebe
7303-8, von K. Ottenbach,
72 S., geb.,
mit Schutzumschlag
DM 49,90

Preiswert kochen
60025-3, von E. Fuhrmann,
136 S., kart.
DM 12,90

**Vegetarische Gerichte
aus aller Welt**
4977-3, von A. Ilies,
224 S., geb.,
mit Schutzumschlag
DM 49,90

**Rezepte mit Joghurt,
Kefir & Co.**
60068-7, von G. Volz,
104 S., kart.
DM 12,90

Vollwertküche für Genießer
4815-7, von Prof. Dr.
C. Leitzmann, H. Million,
256 S., geb.
DM 39,90

Das essen Kinder gern
4978-1, von A. Brenner,
128 S., geb.
DM 29,90

Gerichte für Diabetiker
60033-4, von M. Oehlrich,
108 S., kart.
DM 12,90

**Cholesterinarm kochen
und genießen**
4442-9, von R. Unsorg,
168 S., geb.
DM 49,90

**Fettarm kochen –
Abnehmen mit Genuß**
4866-1, von G. Hölz,
H. Million, 128 S., geb.
DM 39,90

Getränke

FALKEN Mixbuch
4733-9, Hrsg.: P. Bohrmann,
560 S., geb.
DM 39,90

Weinlexikon
4942-0, von Dr. H. Ambrosi,
384 S., geb.
DM 39,90

Meine Lieblingsweine
7364-X, von M. Broadbent,
224 S., geb.,
mit Schutzumschlag
DM 89,-

**Wein richtig genießen
lernen**
4809-2, von H. Ambrosi,
I. Swoboda, 128 S., geb.
DM 29,90

Mein Hobby Wein
7309-7, von R. Kriesi,
128 S., geb.
DM 34,90

**Was Weinfreunde wissen
wollen**
7342-9, von Prof. Dr.
K. Röder u.a., 192 S., geb.
DM 29,90

ElternRatgeber

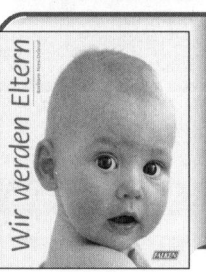

Wir werden Eltern
7353-4, von B. Nees-Delaval,
416 S., geb.
DM 39,90

Die schönsten Vornamen
4755-X, von Dr. D. Voor-
gang, 200 S., geb.
DM 19,90

Die Kunst des Stillens
60084-9, von Prof. Dr. med.
E. Schmidt, S. Brunn,
110 S., kart.
DM 12,90

Das erste Jahr mit dem Baby
4884-X, von Dr. med.
M. Weber, 144 S., geb.
DM 39,90

Wenn Kinder krank werden
7316-X, von B. Nees-Delaval,
240 S., geb.
DM 39,90

**Mein Kind ist krank,
so hilft die Natur**
4761-4, von Dr. med.
H. Wachtl, 160 S., geb.
DM 39,90

Menschen und Gesundheit

Heilpflanzen
4954-4, von A. Eckart,
Dr. G. Eckert, 176 S., geb.
DM 39,90

**Blütentherapie nach
Dr. Bach**
60019-9, von I. Wenzel,
96 S., kart.
DM 9,90

**Traditionelle Chinesische
Medizin**
60312-0, von Dr. med.
C. Kunkel, 118 S., kart.
DM 14,90

**Chinesische Fünf-Elemente-
Ernährung**
68005-2, von Dr. med.
C. Kunkel, 144 S., kart.
DM 29,90

Allergien
60057-1, von G. Leibold,
100 S., kart.
DM 12,90

Neurodermitis
1649-2, von Prof. Dr. med.
phil. S. Borelli, Prof. Dr.
med. J. Rakoski, 136 S., kart.
DM 24,90

Schuppenflechte
1467-8, von Prof. Dr. med.
phil. S. Borelli, Prof. Dr.
med. R. Engst, 102 S., kart.
DM 19,90

Teebaumöl
1878-9, von S. Poth,
Prof. Dr. J. Reichling,
96 S., kart.
DM 19,90

**Natürlich entgiften mit der
Öl-Zieh-Kur**
60391-0, von I. Hammel-
mann, 88 S., kart.
DM 10,90

**Die sagenhafte Heilkraft
der Papaya**
60396-0, von H. Tietze,
80 S., kart.
DM 12,90

ISBN-Bestandteil: 3-8068- / bei Buchnummern, die mit der Ziffer 6 beginnen, lautet der ISBN-Bestandteil: 3-635-

Heilen und Vorbeugen mit Wein
60311-2, von Dr. med. F.-A. Graf von Ingelheim, I. Swoboda, 96 S., kart.
DM 14,90

Grapefruitkern-Extrakt für Gesundheit und Kosmetik
60379-1, von R. Knoller, 80 S., kart.
DM 12,90

Rheuma
60040-7, von Prof. Dr. med. K. Gräfenstein, 108 S., kart.
DM 14,90

Gymnastik für die Halswirbelsäule
1610-7, von J. Engelmann, 96 S., kart.
DM 19,90

Streß bewältigen durch Entspannung
60070-9, von Dr. med. Ch. Schenk, 122 S., kart.
DM 14,90

Positives Denken und Entspannungstechniken
60305-8, von Dr. med. C. Schenk, 112 S., kart.
DM 12,90

Augentraining
1616-6, von M. Gollub, Hrsg.: K. Haak, 96 S., kart.
DM 24,90

Massage
60038-5, von K. Schutt, 78 S., kart.
DM 12,90

Akupressur
1231-4, von F. T. Lie, 192 S., kart.
DM 29,90

Fußsohlenmassage
60036-9, von G. Leibold, 96 S., kart.
DM 11,90

Yoga
60093-8, von U. Thomsen, 104 S., kart.
DM 12,90

Sport

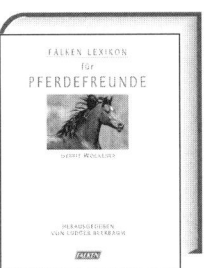

FALKEN Lexikon für Pferdefreunde
7352-6, von G. Wöckener, 320 S., geb., mit Schutzumschlag
ersch. Mai 1998
DM 69,90

FALKEN Reihe: Ratgeber für Reiter
Ausstattung: zwischen 128 S. und 176 S., geb. oder kart.
Preis: zwischen **DM 29,90** und **DM 39,90**
4797-5 Ich will reiten lernen
4845-9 Junge Pferde selbst ausbilden
4871-8 Reiten für Einsteiger
4716-9 Reiten auf Gangpferden
4949-8 Wie verstehe ich mein Pferd?

Golf. Die frühen Jahre
7339-9, von D. Concannon, 144 S., geb., mit Schutzumschlag
DM 69,90

Der Schwung
4784-3, von O. Heuler, 128 S., geb.
DM 29,90

Fehler & Korrekturen
4872-6, von O. Heuler, 144 S., geb.
DM 39,90

FALKEN Reihe: Sportregeln
Ausstattung: zwischen 96 S. und 128 S., kart.
Preis: zwischen **DM 16,90** und **DM 24,90**
1676-X Basketball
1674-3 Pool-Billard
2135-6 Fußball
1754-5 Eishockey
1755-3 Tennis
1807-X Badminton

Tauchen
4955-2, von S. Müßig, 128 S., geb.
DM 39,90

Tennistraining mit System
4878-5, von A. Ferrauti, P. Maier, K. Weber, 192 S., geb.
DM 49,90

Billard
1313-2, von Dr. H. Stingl, 112 S., kart.
DM 29,90

Aggressive In-Line-Skating
1836-3, von U. Sauter u.a., 96 S., kart.
DM 24,90

Snowboarding
1860-6, von A. Hebbel-Seeger, 112 S., kart.
DM 29,90

Angeln
60080-6, von E. Bondick, 80 S., kart.
DM 12,90

Tanzen
4948-X, von P. Wolff, 192 S., geb.
DM 49,90

Fitness/Gymnastik

Fitness-Boxen
1671-9, von F. Kürzel, P. Wastl, 96 S., kart.
DM 24,90

Fit mit Ayurveda
60260-4, von J. Douillard, 208 S., kart.
DM 19,90

Stretching
60085-7, von E. Kleila, 64 S., kart.
DM 9,90

Muskeltraining zu Hause
60100-4, von Ä. Balk, 128 S., kart.
DM 14,90

Kampfsport

Aikido
2120-8, von R. Brand, 280 S., kart.
DM 24,90

Judo
0305-6, von M. Ohgo, 206 S., kart.
DM 24,90

Karate Grundlagen
1863-0, von E. Karamitsos, B. Pejcic, 144 S., kart.
DM 29,90

25 Shotokan-Katas
2125-7, von A. Pflüger, 88 S., kart.
DM 24,90

Bruce Lee – Sein Leben und Kampf
0392-7, von L. Lee, 136 S., kart.
DM 24,90

DO IT YOURSELF U. TECHNIK · KREATIVES GESTALTEN · SPIELE U. DENKSPORT

Bruce Lees Kampfstil 1
0473-7, von B. Lee,
M. Uyehara, 112 S., kart.
DM 9,90

Bruce Lees Kampfstil 2
0486-9, von B. Lee,
M. Uyehara, 128 S., kart.
DM 12,90

Dynamische Tritte
1683-2, von G. Chung,
C. Rothrock, 128 S., kart.
DM 16,90

Taekwondo
0347-1, von K. Gil,
152 S., kart.
DM 16,90

Ninja
1161-X, von A. Adams,
192 S., kart.
DM 19,90

Heimwerken/Technik

FALKEN Reihe: Do it yourself
Ausstattung: zwischen 80 S.,
und 104 S., kart.
Preis: **DM 19,90**
1665-4 Reparaturen in Haus
und Garten
1159-8 Betonieren, Mauern,
Fliesen
1857-6 Bäder ausbauen und
modernisieren

1118-0 Sanitärinstallationen
1799-5 Fliesen legen
1855-X Tapezieren und
Streichen
1841-X Dachausbau
1995-5 Innenausbau mit
System
1859-2 Elektroarbeiten
1716-2 Sicherheit an der
Haustür

Heimwerken
4983-8, von T. Pochert,
416 S., geb.
DM 49,90

Foto/Video

Moderne Fotopraxis
7310-0, von G. Koshofer,
Prof. H. Wedewardt,
240 S., geb.
DM 49,90

Zeichnen und Malen

Kreativ zeichnen
4688-X, von B. Bagnall,
176 S., geb.
DM 39,90

Aquarellmalerei
4529-8, von Prof. W. Wrisch,
136 S., geb.
DM 39,90

Kalligraphie
1044-3, von I. Schade,
80 S., kart.
DM 19,90

Airbrush
1133-4, von C. M. Mette,
80 S., kart.
DM 19,90

Seidenmalerei

Lexikon der Seidenmalerei
4737-1, von K. Huber,
208 S., geb.
DM 49,90

Aquarellieren auf Seide
4842-4, von Shahida,
112 S., geb.
DM 39,90

**Einführung in die
Seidenmalerei**
0611-X, von R. Henge,
88 S., kart.
DM 19,90

Malen auf Seide
4941-2, von C. Köhl,
Shahida, 112 S., geb.
DM 29,90

Verschiedene Techniken

Alles aus Wellpappe
1430-9, von I. Kasperek,
64 S., kart.
DM 19,90

Landhausstil
7332-1, 128 S., geb.
DM 34,90

Artischockentechnik
1682-4, von M. von
Perbandt, K. Teuber,
64 S., kart.
DM 19,90

Patchwork und Quilt
4803-3, von I. Kahmann
u.a., 112 S., geb.
DM 29,90

Nähen
4709-6, von S. von Rudzinski,
176 S., geb.
DM 39,90

Perfekt Stricken
4821-1, von H. Jaacks,
224 S., geb.
DM 39,90

Töpfern ohne Scheibe
0896-1, von A. Riedinger,
80 S., kart.
DM 19,90

**Dekorieren und Gestalten
mit Naturmaterialien**
4748-7, von E. Dommers-
hausen u.a., 128 S., geb.
DM 29,90

Stempeln
1823-1, von E. Metz,
P. Läpple, 80 S., kart.
DM 19,90

Freundschaftsbänder
1720-0, von A. Neeb,
E. Walch u.a., 64 S., kart.
DM 19,90

**Bücher, Alben, Schachteln
selbermachen**
4772-X, von P. Baumgartner,
96 S., geb.
DM 29,90

**Geldgeschenke und
Geschenkgutscheine**
1684-0, von S. Haenitsch-
Weiß, 64 S., kart.
DM 19,90

Spiele/Denksport

Bridge für Einsteiger
1691-3, von B. Ludewig,
104 S., kart.
DM 16,90

Doppelkopf
1828-2, von U. Vohland,
96 S., kart.
DM 16,90

Kartenspiele
7333-X, von M. Mala,
176 S., geb.
DM 29,90

Backgammon für Einsteiger
1690-5, von M. B. Fischer,
E. Heyken, 104 S., kart.
DM 16,90

Patiencen
60020-2, von I. Wolter-Rosendorf, 112 S., kart.
DM 12,90

Poker
60225-6, von C. D. Grupp, 112 S., kart.
DM 12,90

Schach für Einsteiger
1724-3, von E. Heyken, 120 S., kart.
DM 19,90

Spielideen für Partys
1725-1, von E. und H. Bücken, 88 S., kart.
DM 16,90

111 Spielideen, das Gedächtnis zu trainieren
1829-0, von T. Werneck, 96 S., kart.
DM 16,90

Knobeleien und Denksportaufgaben
60099-7, von K. Rechberger, 100 S., kart.
DM 12,90

Ratgeber für Kinder

FALKEN Reihe:
Ratgeber für Kinder
Ausstattung: zwischen 48 S., und 64 S., geb.
Preis: **DM 19,90**
4897-1 Mein Mutmachbuch
4898-X Mein Krankenhausbuch
4896-3 Mein erstes Pferdebuch

7337-2 Mein erstes Reitbuch
4991-9 Mein Kochbuch
4990-0 Mein Ballettbuch
4900-5 Mein Fußballbuch
4938-2 Mein Fahrradbuch
7335-6 Mein erstes Inline-Skating-Buch
4894-7 Mein Katzenbuch
4939-0 Mein Hundebuch

4993-5 Mein Hamsterbuch
7324-0 Mein Wellensittichbuch
7338-0 Mein Meerschweinchenbuch
4992-7 Wenn meine Eltern sich trennen

Kinderbeschäftigung

Das neue Bastelbuch für Kinder
4893-9, von U. Barff, I. Burkhardt, J. Maier, 208 S., geb.
DM 39,90

Basteln mit Pappe und Papier
4843-2, Hrsg.: U. Barff, 112 S., geb.
DM 29,90

Schminken und Verkleiden
4773-8, von W. Stelzenhammer, Hrsg.: U. Barff, 128 S., geb.
DM 29,90

Spielen mit einfachen Sachen
4994-3, von A.-G. Patz, D. Patz, 112 S., geb.
DM 29,90

Tanz-, Kreis- und Bewegungsspiele
7343-7, von A.-G. und D. Patz, 112 S., geb.
DM 29,90

Spiele für Kleinkinder
60022-9, von D. Kellermann, 104 S., kart.
DM 12,90

Kinderleichte Kochrezepte für kleine Leute
4850-3, von K. Müller-Urban, 128 S., geb.
DM 19,90

Garten

Die große FALKEN Gartenschule
7354-2, von J. Breschke u. a., 560 S., geb., mit Schutzumschlag
DM 79,90

FALKEN Gartenjahr
7355-0, von K. Greiner, A. Weber, P. Michaeli-Achmühle, 320 S., geb.
DM 39,90

100 englische Gärten
4885-8, von P. Taylor, 216 S., geb., mit Schutzumschlag
DM 79,–

Bauerngärten
4786-X, von U. Krüger, 128 S., geb.
DM 39,90

Naturgärten
4967-6, von J. Korz, 240 S., geb.
DM 69,90

Gartengestaltung mit Phantasie
7318-6, von K. Greiner, Dr. A. Weber, 208 S., geb., mit Schutzumschlag
DM 79,90

Blumen, Stauden, Ziergehölze
4753-3, von K. Greiner, Dr. A. Weber, 384 S., geb.
DM 69,90

FALKEN Lexikon Gartenteich
4778-9, von I. Polaschek, A. Fischer-Nagel, 216 S., geb.
DM 49,90

Grüner wohnen
4886-6, von U. Krüger, 144 S., geb., mit Schutzumschlag
DM 49,90

Tiere

Katzen auf natürliche Weise heilen
7314-3, von Dr. med. vet. C. Möller, 128 S., geb.
DM 29,90

Richtige Katzenernährung
1869-X, von H. Wenzel, 96 S., kart.
DM 16,90

Wellensittiche
1813-4 von H. Bielfeld 96 S., kart.
DM 16,90

Alles über Kanarienvögel
0901-1, von H. Schnoor, 64 S., kart.
DM 14,90

Zwergkaninchen
1680-8, von M. Mettler, 96 S., kart.
DM 16,90

Zwerg- und Goldhamster
1734-0, von M. Mettler, 96 S., kart.
DM 16,90

Meerschweinchen
1812-6, von M. Mettler, 96 S., kart.
DM 16,90

Das Süßwasseraquarium
4752-5, von Dr. med. vet. J. Etscheidt, 224 S., geb.
DM 49,90

Terrarium
7313-5, von W. Ullrich, 128 S., geb.
DM 29,90

FALKEN Reihe:
Hundebibliothek
Ausstattung: zwischen 80 S. und 112 S., kartoniert
Preis: zwischen **DM 14,90** und **DM 19,90**

1757-X Dalmatiner
1756-1 Dackel
1677-8 Labrador, Retriever
1644-1 Neufundländer und
Landseer
1596-8 Boxer
1513-5 Schäferhunde
1514-3 West Highland White
Terrier
1808-8 Setter
1866-5 Siberian Husky
1809-6 Hovawart

1990-4 Tibet Terrier
1811-8 Foxterrier
1512-7 Streuner und
Tierheimhunde
1604-2 Hundekrankheiten
erkennen und behandeln
1991-2 Mit dem Hund in
den Urlaub
1810-X Rechtsratgeber für
Hundehalter

Das neue Hundebuch
60079-2, von W. Busak,
124 S., kart.
DM 14,90

**Erfolgreiche
Hundeerziehung**
4808-4, von U. Birr,
144 S., geb.
DM 29,90

Reisevideo

FALKEN Reihe: Reisevideos
Ausstattung: VHS, ca. 60 Min.
Laufzeit, in Farbe
Preis: **DM 39,95***

FALKEN hat Reisevideos zu
über 70 Urlaubszielen in
aller Welt von **A** bis **Z**

6249-4 Amsterdam

6226-5 Neuseeland

6206-0 Zypern

ISBN-Bestandteil: 3-8068- / bei Buchnummern, die mit der Ziffer 6 beginnen, lautet der ISBN-Bestandteil: 3-635-

---

BESTELLSCHEIN

Hiermit bestelle ich aus dem Programm der Verlagsgruppe
FALKEN, Postfach 11 20, D-65521 Niedernhausen, **durch die Buch-
handlung:**

Falls durch besondere Umstände Preisänderungen notwendig werden,
erfolgt Auftragserledigung zu dem bei der Lieferung gültigen Preis.
(Soweit gesetzlich nicht anders vorgesehen, ist der Erfüllungsort und Gerichts-
stand der jeweilige Sitz der Lieferfirma).

Anzahl	Bestell-Nr.:	Titel	Einzelpreis	Gesamtpreis
			Summe	

zzgl. Porto- und Versandkosten

Name: _____ Straße: _____

Ort: _____

Datum: _____ Unterschrift: _____
(Bei Jugendlichen der gesetzliche Vertreter)

FTB-V V F '98

Werbemittel-I-Nr. 99143

Der Spezialist für nützliche Bücher und Videos